T0277523

ZELENSKII

Un retrato al natural del hombre que se enfrentó a Putin

ZELENSKII

Un retrato al natural del hombre que se enfrentó a Putin

SERHII RUDENKO

Traducción: Svitlana Kolisnychenko

Pinolia

© Editorial Pinolia, S. L.

© Textos: Serhii Rudenko

© Traducción: Svitlana Kolisnychenko

Primera edición: julio de 2022

www.editorialpinolia.es
editorial@editorialpinolia.es

Diseño y maquetación: Irene Sanz Cerezo

Diseño Cubierta: Alvaro Fuster Fabra. Estudia Design

Depósito Legal: M-10278-2022
ISBN: 978-84-18965-35-7

Impresión y Encuadernación: QP Quality Print Gestión y Producción Gráfica, S. L.

Printed in Spain. - Impreso en España

NOTA A LA PRESENTE EDICIÓN

Esta obra es la primera biografía de Volodymyr Zelenskii escrita por un compatriota del presidente ucraniano. Es un texto de plena actualidad hasta el punto de que el autor, Serhii Rudenko, ha redactado los últimos capítulos del manuscrito durante el mes de abril de 2022, en el interior de un refugio antiaéreo bajo los bombardeos de las fuerzas de ocupación rusas.

En pos de facilitar la lectura de un texto plagado de referencias culturales, políticas, lingüísticas o históricas en muchos casos ajenas al lector medio español, el editor y la traductora han considerado adecuada la inclusión de notas al pie con el fin de acercar una obra que había sido concebida originalmente para un lector familiarizado con la historia y la cultura ucranianas en estos últimos cuarenta años. Estas anotaciones no aparecen en la edición original de la obra.

Sirva esta nota también de aclaración por las posibles inconsistencias fonéticas y lingüísticas existentes en el texto. Teniendo en cuenta que la publicación de esta obra se enmarca dentro de un conflicto no solo bélico, sino también cultural en el que el idioma juega un papel fundamental en las reivindicaciones de los diferentes bandos, se ha optado por una transliteración del ucraniano al castellano que mantuviera las diferencias lingüísticas de la lengua con respecto al ruso y que evitara la rusificación de topónimos y antropónimos habitual en las traducciones del ucraniano al castellano.

Aunque este criterio es contrario a lo aconsejado por la RAE y los sistemas de transliteración propuestos por la Fundéu, se han seguido las indicaciones de la traductora, del consulado de Ucrania en Barcelona y las normas de transliteración publicadas en la *Tabla de transliteración del alfabeto ucraniano al alfabeto latino* aprobada en la resolución Nº 55 del Gabinete de ministros de Ucrania (27 de enero de 2010) para unificar el proceso de edición. Esto deriva en que, durante la lectura del presente título, el lector se encontrará con la transliteración 'Kyiv' en lugar de la versión más habitual 'Kiev' o 'Serhii' en lugar del más común 'Serguéi', por poner dos sencillos ejemplos. Para la transliteración del resto de antropónimos y topónimos que aparecen a lo largo del texto, procedentes de otras lenguas como el letón, el georgiano o el ruso, se ha procedido a respetar los criterios tradicionales recogidos por las instituciones de la lengua española.

PRÓLOGO

UN ÓSCAR PARA ZELENSKII

21 de abril de 2019, ocho de la tarde: con la banda sonora de la serie *El servidor del pueblo*, «Amo a mi país…», Volodymyr Zelenskii y los miembros de su equipo salen a hablar con la prensa. En aquel momento de verdad parecía que, junto al candidato vencedor, el 73 por ciento de la población que había votado por él entonaba la dichosa cancioncilla.

Una legión de periodistas ucranianos y extranjeros inundaba el centro de negocios Parkovi, en la capital, ansiosos por escuchar el discurso triunfal del nuevo presidente electo. Zelenskii sonreía, deslumbrante, junto a los responsables de su victoria: Andrii Bohdan, Dmytró Razumkov, Kirilo Tymoshenko, Andrii Yermak, Oleksandr Danylyuk y la esposa de Volodymyr, Olena. El aire estaba coloreado de confeti; el salón, hasta los topes, y parecía que todo el mundo estuviera a punto de saltar a la pista de baile.

«Lo hemos logrado juntos…». Zelenskii comenzó su discurso con su característica forma de hablar. Como una estrella al recibir un Óscar, el presidente tuvo palabras de agradecimiento para su equipo, para su familia, para Olena y hasta para las dos limpiadoras de la sede del partido, Oksana y Luba. También mencionó el simbólico sector 73 del estadio olímpico de Kyiv, donde él y su equipo habían filmado el famoso vídeo *¿Un estadio? ¡Pues un estadio!*

Volodymyr, puede que aún interpretando a su héroe televisivo Vasyl Goloborodko, se mostró optimista, bromeó, incluso le lanzó un par de pullas al Servicio de Seguridad de Ucrania, gracias al que, según dijo, había podido mantenerse «en forma» todo el tiempo. Parecía que Zelenskii, al entrar en la escena política, escuchaba las mismas ovaciones con las que se había despedido de su carrera artística. Desde luego, seguía haciendo uso de su talento innato para complacer al público, y la multitud, igual que antes, gritaba: «¡Bravo!» y «¡Otra, otra!». Las mismas ovaciones ensordecedoras y torrentes de aplausos que durante su carrera artística habían retumbado en las grandes salas de conciertos de Moscú, Kyiv, Odesa, Jūrmala, Minsk y otras ciudades de la antigua Unión Soviética. Su estrella había comenzado a brillar allí en 1997, después de su victoria en el KVN, el concurso de Masliakov.[1] Entonces, cuando empezó a acompañarlo la fama, Zelenskii tenía diecinueve años, y todavía al inicio de su carrera política seguía siendo un actor muy popular y el favorito de muchos ucranianos.

Era imposible entonces que en aquella noche triunfal del 21 de abril de 2019, después de haber obtenido una victoria aplastante en las elecciones, el flamante nuevo presidente se imaginara que en apenas medio año iba a estar escuchando gritos de «¡Vergüenza!» y «¡Fuera!». Y no solo de los partidarios de su principal oponente, Petró Poroshenko, sino también de los miembros de muchas asociaciones de voluntarios, militares y políticos.

A los pocos meses de su investidura, Zelenskii comenzó a prescindir de aquellos que lo habían llevado a la victoria. El primero en caer fue el secretario del Consejo Nacional de Seguridad y Defensa, Oleksandr Danylyuk, supuestamente porque no había sido nombrado primer ministro. El segundo fue el jefe de la Oficina del Presidente, Andrii Bohdan, que había estado al lado de Zelenskii desde sus primeros pasos en políti-

---

[1] KVN son las siglas de Klub Veselikh i Nakhodchevikh, un programa de humor de la televisión nacido en la antigua Unión Soviética en el que equipos de jóvenes, normalmente universitarios, compiten en diferentes pruebas de habilidad, conocimiento y humor. En los torneos de KVN fue donde nació el equipo Kvartal 95.

ca. También fueron depuestos el primer ministro, Oleksii Honcharuk, y el fiscal general de Ucrania, Ruslán Ryaboshapka.

Todos ellos integraban el «colectivo Zelenskii» que había sido elegido por el país el 21 de abril de 2019. Porque hasta el final mismo de la campaña electoral la figura política de Zelenskii simplemente no existía. Volodymyr Zelenskii era un comediante con talento, con mucha chispa, el gerente del canal Inter TV y del Studio Kvartal 95. Un actor conocido por haber dado vida a un profesor de Historia de secundaria, apellidado Goloborodko, que en la ficción acababa siendo nombrado jefe de Estado. La imagen presidencial de Zelenskii fue una creación de su entorno.

Hace tres años, el sexto presidente de Ucrania dijo: «Prometo que nunca os decepcionaré», y desde entonces pudimos verlo en las situaciones más variadas. Zelenskii y su equipo fueron criticados por ser poco profesionales. Fueron acusados de corrupción, desacato e incluso traición. Y sin embargo, el 24 de febrero de 2022, con el comienzo de la gran agresión rusa, nos sorprendió descubrir a un Zelenskii completamente distinto. Un hombre que no ha temblado ante el desafío de Putin y que ha sabido liderar la resistencia popular. Zelenskii se ha convertido en un presidente capaz de unir en un mismo espíritu de lucha a sus partidarios y a sus opositores, a los corruptos y a los órganos responsables de perseguir la corrupción, a los adultos y a los niños, a personas de diferentes nacionalidades y religiones. Se ha convertido en un jefe de Estado recibido con aplausos y ovaciones en los Parlamentos europeos y en el Congreso estadounidense.

Este libro relata los capítulos de la vida del sexto presidente de Ucrania como las piezas del puzle que conforman el retrato de Volodymyr Zelenskii. De un hombre que, sin experiencia en política ni conocimientos sobre asuntos de Estado, prometió a los ucranianos que cambiaría el país para siempre. De un hombre en el que, en su día, confiaron 13,5 millones de votantes.

Quiero dejar claro que en este libro no he volcado juicios morales, prejuicios ni manipulación de ninguna clase. Solo relato los hechos. Mi objetivo ha sido retratar al sexto presidente de Ucrania al natural. Vosotros, mis queridos lectores, podréis decidir si lo he logrado o no.

Serhii Rudenko

DIEZ ATENTADOS CONTRA LA VIDA
DEL PRESIDENTE

El 24 de febrero de 2022, a las 4:50 de la mañana, se produjeron los primeros ataques con misiles en el territorio de Ucrania. Justo mientras la televisión rusa retransmitía el discurso de Vladímir Putin, los primeros misiles balísticos caían sobre los ucranianos en Kyiv, la capital del país, y en otras ciudades como Kharkiv, Odesa, Mariúpol o Dnipró. A pocos kilómetros de mi casa, en Brovari y Borispil, el suelo temblaba por las explosiones. La población, todavía somnolienta, comenzaba a recuperarse del primer susto. Sirenas de ambulancias, bomberos y vehículos de rescate perforaban el aire invernal. Así, recién despiertos, era muy difícil aceptar el hecho de que Rusia estaba bombardeando un estado libre e independiente en Europa central. Era como una pesadilla que sin duda se desvanecería con los primeros rayos del sol.

Pero no lo hizo. Se trataba de la nueva realidad que debíamos aceptar los ucranianos.

Una hora y media después de los primeros ataques, Zelenskii se dirigió al pueblo para confirmar el inicio de la guerra ruso-ucraniana. Al amanecer, empezaron a difundirse las primeras noticias sobre las víctimas de aquel ataque inicial del Kremlin: los muertos eran soldados de servicio en las instalaciones militares contra las que Moscú había lanzado sus misiles. Así comenzó la invasión rusa de Ucrania, que nadie creía posible hasta que ocurrió. Nadie, ni siquiera el propio Volodymyr

Zelenskii. Un mes antes de que se declarase la guerra —y a pesar de las advertencias de las inteligencias estadounidense y británica sobre un posible ataque ruso—, el presidente insistía en que la situación estaba bajo control. Afirmaba que las agencias de inteligencia extranjeras estaban sembrando el pánico sin necesidad.

El 24 de febrero, pocas horas antes del comienzo de la guerra, el presidente de Ucrania se dirigió públicamente a los ciudadanos rusos. De verdad esperaba poder detener a Putin. Aunque no había duda de que, tras la anexión de Crimea y la ocupación del Dombás en 2014, lo único que podía detener el avance del señor del Kremlin era la rendición total de Ucrania o un balazo en la frente. Su voluntad, así expresada, de defender la «independencia» de las pseudo repúblicas, LNR y DNR,[2] era solo un pretexto para destruir la independencia del Estado ucraniano. Y para calentar el caldo de cultivo de la invasión, Putin había tratado de convencer al mundo de que el Estado ucraniano tenía su origen en el propio Vladímir Lenin y de que los ucranianos, como pueblo, no eran más que un invento del conde Potocki, una afirmación que repetía como un mantra antes de atacar a Ucrania. Por supuesto, en ningún momento mencionó el hecho de que Kyiv ya era una ciudad bulliciosa y fascinante cuando Moscú todavía no era más que un pantano baldío.

El presidente Zelenskii aceptó el desafío de Putin con pundonor. Una y otra vez Estados Unidos se ofreció a evacuarlo a él y a su familia y a trasladarlos a un lugar seguro, y hasta en diez ocasiones su vida ha sufrido atentados (Mykhailo Podoliak, asesor de la Oficina del Presidente, ha revelado la cifra), pero Volodymyr no ha abandonado Kyiv. Putin lo quería muerto, si no físicamente, al menos sí políticamente, y que no haya sido capaz de acabar con su oponente es una prueba de la debilidad del señor del Kremlin. La oficina de Zelenskii en el centro de la capital de Ucrania se ha convertido en uno de los símbolos más importantes de la resistencia del pueblo ucrania-

---

[2] La República Popular de Lugansk (LNR) y la República Popular de Donetsk (DNR).

no. El coraje con el que Zelenskii, como comandante en jefe de las Fuerzas Armadas de Ucrania, entró en guerra con Rusia impresionó hasta a los propios ucranianos, sobre todo a sus opositores. Ahora se le ovaciona en los Parlamentos europeos: es el hombre del momento. Su actual popularidad en Occidente solo puede compararse con la del expresidente soviético Mijaíl Gorbachov.

La guerra relámpago que Vladímir Putin esperaba poder desplegar en Ucrania fracasó. Rusia se ha encontrado con una feroz resistencia por parte del pueblo ucraniano, liderado por Zelenskii. Y al Kremlin le ha costado asumir que su acción militar se haya dado de bruces con una verdadera guerra de guerrillas en Ucrania. Los invasores rusos fueron recibidos con fuego militar, sí, pero también por el fuego de los ciudadanos comunes, organizados en milicias territoriales.[3] Por primera vez en la historia reciente del país, hemos sido testigos de cómo el pueblo ucraniano se ha unido contra un enemigo común.

Es muy probable que en el futuro los historiadores escriban sobre el papel de Zelenskii y sobre su victoria en la guerra ruso-ucraniana. Se rodarán películas sobre su figura; protagonizará libros; calles, avenidas y universidades llevarán su nombre. Zelenskii estará para siempre asociado con un periodo de la historia de Ucrania que tal vez se conozca como el de «la ruptura final entre Ucrania y Rusia».

Durante siglos, Ucrania ha tenido que pelear por su libertad e independencia contra los poderes moscovitas. Millones y millones de personas han perdido la vida en este sangriento enfrentamiento. Se trataba de un conflicto aparentemente inconcluso y, por lo tanto, el Kremlin confiaba en poder seguir manteniendo a Ucrania durante mucho más tiempo dentro de su órbita de influencia. Sin embargo, hoy en día no cabe duda de que fue una apuesta arriesgada. Vladímir Putin, que

---

[3] Las Fuerzas de Defensa Territoriales de Ucrania (en ucraniano *Viiska terytorialnoi oborony*) son unidades formadas por reservistas, normalmente veteranos de guerra acompañados, en caso de movilización, de voluntarios civiles. Son el resultado de la reorganización de los Batallones de Defensa Territoriales, milicias de voluntarios bajo el mando del Ministerio de Defensa, creadas durante la invasión rusa de 2014-2015 de la cuenca del Donetsk. En 2022 se establecieron como unidades de defensa permanentes.

a menudo había hablado de Volodymyr Zelenskii en términos francamente despectivos, hizo su apuesta y perdió. Y es irónico que aquel al que el presidente ruso se había negado a aceptar como a un igual se haya convertido en el verdugo del actual régimen ruso.

LA CARRERA PRESIDENCIAL

31 de diciembre de 2018. Cinco minutos para la medianoche. Los ucranianos esperan la llegada del Año Nuevo con las copas de champán en alto. Están pendientes de la cuenta atrás mientras se preparan para escuchar el discurso del presidente. Para Petró Poroshenko, este será su último discurso de Año Nuevo como jefe de Estado.

Las encuestas son implacables. Solo el 11,6 por ciento de los votantes, según el Instituto Internacional de Sociología de Kyiv, manifiesta la intención de votar por el actual presidente en funciones. La favorita en la carrera presidencial es la eterna oponente de Poroshenko, Yulia Tymoshenko, con un 21,2 por ciento de intención de voto. En la lista aparece un posible tercer candidato, Volodymyr Zelenskii, el director artístico de Studio Kvartal 95, con un 14,6 por ciento de intención de voto, aunque aún no se ha manifestado sobre su intención de participar finalmente o no en la carrera electoral.

Después del tradicional *show* de Año Nuevo de Kvartal 95 en el canal 1+1, se interrumpe la emisión para dar paso al discurso navideño del presidente en funciones. Pero, en lugar de Poroshenko, en las pantallas aparece Volodymyr Zelenskii. Con una camisa blanca arremangada, sale de bambalinas: «Buenas noches, amigos...», comienza en ruso, pero a los quince segundos cambia a ucraniano.

Dice que ante los ucranianos se abren tres posibles caminos. El primero consiste en vivir la vida, sin más. El segundo pasa por hacer las maletas e irse al extranjero. Y el tercero tiene que ver con intentar cambiar algo en Ucrania.

Yo he elegido el tercer camino. La gente no paraba de preguntarme si al final iba a hacerlo o no. Pero, ¿sabéis?, al contrario que nuestros grandes políticos, yo no quería prometer nada en vano. Y ahora, cuando solo quedan unos minutos para Año Nuevo, por fin me siento en condiciones de haceros una promesa. Queridos ucranianos, os prometo que voy a postularme como presidente de Ucrania. Ya, de inmediato. En este mismo momento entro en la carrera electoral hacia la presidencia.

Estoy seguro de que hubo muchos espectadores que no entendieron lo que estaba sucediendo. Aquello simplemente parecía un *sketch*, parte del espectáculo de Kvartal 95.

Después del discurso, el *show* se trasladó a la parte de atrás del escenario. Luz tenue; Zelenskii sin parar de sonreír; de su boca salen palabras con la voz del oso Paddington. Miradle, ¿eso es un candidato presidencial? ¿Dónde está la corbata? ¿Dónde está el traje? ¿Dónde las patéticas frases hechas de toda la vida? ¿Dónde ha quedado todo eso? Y lo más importante, ¿dónde está Petró Poroshenko? Los partidarios del quinto presidente fueron sin duda los más sorprendidos, y se volcaron en las redes sociales. Al ver en sus pantallas a Volodymyr en lugar de a Petró desencadenaron un auténtico tsunami. «Pero ¿cómo?, ¿ese payaso?», «¡Quién es ese para postularse como presidente!», «¡Qué insolencia!». Y no se cortaban con los calificativos que usaban para hablar de Zelenskii, del empresario Kolomoyskii (dueño del canal 1+1) ni de Oleksandr Tachenko, director general del canal que acabará siendo diputado por Servidor del Pueblo, el partido de Zelenskii, en la Verkhovna Rada[4] y ministro de Cultura de Ucrania. Aquella *performance*

---

[4] Verkhovna Rada (Rada Suprema) es el nombre oficial del Parlamento de Ucrania; se trata de un Parlamento unicameral compuesto por cuatrocientos cincuenta diputados presididos por un presidente electo.

también fue interpretada en varias sedes electorales de los diferentes partidos tradicionales como una broma desafortunada del director artístico de Studio Kvartal 95.

Sin embargo, aquella víspera de Año Nuevo, Zelenskii estaba hablando más en serio que nunca.

Quienes se tomaron su discurso como una broma no sospechaban que Zelenskii hacía ya mucho que había decidido postularse para la presidencia. Su equipo llevaba meses preparándose para las elecciones. Ya en el verano de 2018, Volodymyr alimentaba la intriga charlando con Svyatoslav Vakarchuk, el popular líder de la banda Okean Elzi:[5]

> Slava, ¿te animas o qué? Porque si tú te animas, yo también. Así que si lo tuyo es un «sí» segurísimo o un «no» rotundo, entonces yo estoy contigo. Porque es que luego todos me preguntan: «Bueno…, ¿y tú qué?». Y yo… ¿qué? Yo lo tengo claro, pero… ¿y tú qué? Porque si tú y yo lo hacemos… ¿Me sigues? Si «nosotros» vamos, entonces allí estarán todos.

El político Roman Bezsmertnii ha relatado que mucho antes del comienzo de la campaña electoral se reunió con Svyatoslav Vakarchuk y le pidió que no se postulase como presidente y que convenciese a Volodymyr Zelenskii de que tampoco lo hiciera.

> Le dije: «De verdad que le respeto como artista pero, por favor, quede con Zelenskii y acuerden no presentarse ninguno de los dos a la carrera presidencial. Porque si se postulan, el país se romperá en dos y será muy difícil mantener el diálogo».[6] No sé si Vakarchuk me hizo caso a mí o a alguna otra persona que le diera el mismo consejo, pero el caso es que actuó sabiamente y no se postuló, aunque participó activamente en la campaña electoral. Y es perfectamente comprensible porque sabía que ninguno de

---

[5] Svyatoslav Vakarchuk, compositor, poeta, cantante y líder de la banda ucraniana Okean Elzi, es diputado en el Parlamento de Ucrania y líder del partido Golos (La Voz). En su momento, también manifestó su intención de participar en la carrera presidencial de 2018.

[6] Debido a que Vakarchuk es de Lviv, al oeste de Ucrania, y Zelenskii de Kryvyi Rig, al este.

los dos iba a ser capaz de soportar sobre sus hombros el peso de los graves problemas a los que se enfrentaba Ucrania, entre ellos —y el más importante—, la guerra inminente.

A pesar de todo, en otoño del 2018 se inauguró la sede del nuevo candidato presidencial y se anunció la incorporación a su equipo de Dmytró Razumkov, un tecnócrata, el único personaje mediático del equipo de campaña en ese momento (aparte, por supuesto, del líder de Kvartal 95).

Desde ese momento, el equipo de Zelenskii empezó a preparar las elecciones. Durante el invierno de 2018 y a lo largo de 2019 aparecieron cuñas comerciales en la radio y carteles publicitarios con el eslogan «No estoy bromeando». Y se pospuso el estreno de la tercera temporada de la serie *El servidor del pueblo*, donde Zelenskii interpretaba el papel de Vasyl Goloborodko, un profesor de Historia de instituto que acaba siendo nombrado presidente.

Pero dudo mucho que nadie —ni siquiera dentro del propio equipo de Zelenskii— contara siquiera con la posibilidad de obtener una victoria por aquel entonces. El propio Volodymyr tenía muchas dudas. Según el antiguo jefe de la Oficina del Presidente, Andrii Bohdan, Zelenskii no tomó la decisión definitiva de participar en la campaña presidencial hasta el 31 de diciembre de 2018.

La candidatura de Zelenskii era una oportunidad única para lograr que aumentara la popularidad del partido Servidor del Pueblo. Para el oligarca Ígor Kolomoyskii, que desde siempre había mantenido una relación muy tensa con Petró Poroshenko, Zelenskii se convirtió en una herramienta de presión y de negociación tanto con el quinto presidente de Ucrania como con su eterna oponente, Yulia Tymoshenko.

Según el politólogo Serhii Gaidai, el equipo de Zelenskii se tomó las elecciones presidenciales como una especie de juego.

Tuve una conversación con personas cercanas a los hermanos Shefir, sus socios comerciales [de Zelenskii]. Cuando la campaña electoral ya había empezado, ni siquiera ellos confiaban en la victoria. No podían ni imaginarse que ocurriera algo así, no era más que una broma pesada de Volodymyr, así que decidieron dejarle jugar. Por eso después de la victoria estaban tan confundidos. No sabían qué hacer, de golpe se daban cuenta de la enorme responsabilidad que había recaído sobre sus hombros y de que su vida, tal y como la conocían hasta entonces, se había acabado. No habría más Kvartal 95 ni más producciones para la televisión. Tuvieron que aceptar que estaban enfrentándose a una realidad completamente diferente, en la que tendrían que convertirse en personas completamente diferentes. Era una situación muy confusa para todos, excepto para Zelenskii. Zelenskii tenía a Bohdan a su lado, que le decía: «No te preocupes, yo sé qué hay que hacer, sé cómo hacerlo y hacia dónde avanzar». Muchos en su entorno no lo veían con buenos ojos porque Bohdan era una figura muy destacada, muy cercana al presidente, y era obvio que era el impulsor del proceso.

Sea como fuere, el paso que Volodymyr Zelenskii dio la noche de Año Nuevo del 2019 no solo iba a cambiar su vida de estrella mediática, sino que también supondría un cambio de paradigma en la política ucraniana.

Y no fue un cambio del gusto de todos. El 22 de marzo de 2019, uno de los participantes en la carrera presidencial, el político Roman Bezsmertnii, intentó detener a Zelenskii pidiéndole públicamente que se retirase de la carrera presidencial. «Retire su documentación de la Comisión Electoral Central[7] porque es una vergüenza y supone una humillación para la nación». Pero el equipo de Zelenskii hizo caso omiso de este requerimiento.

¿Y finalmente qué ocurrió? Petró Poroshenko recibió una bofetada de los votantes. Yulia Tymoshenko se quedó de nuevo fuera de la carrera por la presidencia. Oleg Liashko pudo presenciar la llegada de un fuerte competidor en el escenario político antes de que el Partido Radical, su partido, perdiera

---

[7] Órgano que registra a los candidatos en los puestos electos, valida el escrutinio y vela por la legalidad de las elecciones.

las elecciones parlamentarias solo unos meses después. El coronel Anatolii Hritsenko se retiró de la vida política. Y el pueblo ucraniano obtuvo lo que quería, a Volodymyr Zelenskii.

Ruslán Ryaboshapka, uno de los socios de Zelenskii en aquel momento, afirmaría más tarde que el país había elegido a un presidente, pero que lo que obtuvo fue un jefe de Estado completamente diferente. Esta opinión deja entrever la deriva del personaje: durante la campaña electoral, Zelenskii mostró una cara muy diferente de la de la persona que finalmente tomaría posesión del cargo.

«¿UN ESTADIO? ¡PUES UN ESTADIO!»

El 19 de abril de 2019, el estadio más grande de Ucrania, el NSC Olimpiyski, estaba abarrotado. Veinte mil espectadores ansiaban asistir al debate entre Petró Poroshenko y Volodymyr Zelenskii. Por primera vez en la historia de una carrera presidencial en Ucrania, dos candidatos se enfrentaban a muerte ante las gradas repletas de seguidores, con los rugidos de la multitud como un mar de fondo y ciento cincuenta canales de televisión acreditados para retransmitir el evento.

A lo largo de toda la campaña presidencial, el equipo de Poroshenko se había permitido insultar a Volodymyr Zelenskii con apelativos como «holograma», «payaso», «títere de Kolomoyskii» o «Mano del Kremlin». Petró Poroshenko los repetía a diario, convencidos él y sus asesores de que la candidatura de Zelenskii no era más que un malentendido.

El equipo de Poroshenko estaba convencido de que un debate público sería la situación perfecta para desenmascarar al impostor, al autor de aquella broma pesada. Y realmente parecía la estrategia ideal ya que en la disciplina del debate, de entre todas las propias del deporte de la política, el entonces presidente indiscutiblemente era el favorito. ¿Y Zelenskii? ¿Qué se podía esperar de un comediante? ¿Discursos aprendidos de memoria? ¿Frases copiadas de la palabrería de los asesores? «Puedo vencerlo sin despeinarme», debió de pensar Petró Poroshenko. No sabía lo equivocado que estaba. Zelenskii se preparó concienzudamente para el debate, o al menos eso era lo que afirmaba Andrii Bohdan.

Al equipo de Poroshenko le interesaba que aquel debate tuviera lugar antes de la primera vuelta de las elecciones. Para entonces, ya no cabía duda de que solo había tres aspirantes a la presidencia del país con posibilidades: Petró Poroshenko, Volodymyr Zelenskii y Yulia Tymoshenko. Pero el director artístico de Studio Kvartal 95 hizo caso omiso de la invitación, así que Poroshenko —para el que demostrar la incompetencia política de Zelenskii se había convertido en una obsesión personal— tuvo que esperar hasta el *impasse* entre la primera vuelta y la segunda.

Por fin, tras dos semanas de negociaciones, Zelenskii convocó a Poroshenko a un debate. Tendría lugar dos días antes de la segunda vuelta de las elecciones, el 19 de abril del 2019 a las siete de la tarde en el estadio olímpico de Kyiv. Zelenskii impuso la exigencia de que el debate se llevara a cabo con espectadores y profusión de periodistas, y de que fuera televisado a nivel nacional. De hecho, la invitación de Zelenskii a Poroshenko se rodó como si se tratara de una película: Volodymyr recorre el túnel del estadio olímpico, entra al campo por el sector 73 y, como si fuera un auténtico gladiador, invita a su oponente a entrar en la arena.

El actor supo arrastrar a su oponente a un espacio en el que se sentía muy cómodo: un escenario con público en vivo, con aplausos, focos y cámaras de televisión. Poroshenko aceptó el formato sin poner apenas objeciones; al parecer su obsesión por demostrar la incompetencia política de su oponente era tan grande que accedió sin pensárselo demasiado.

Dos equipos de apoyo en el estadio. Los dos equipos de los aspirantes a la presidencia. Dos escenarios. Dos conciertos simultáneos. Grupos de simpatizantes de Poroshenko y de Zelenskii. Y hasta dos de los periodistas más famosos de Ucrania como encargados de retransmitir el evento: Olena Froliak y Andrii Kulikov. Solo faltó que sacaran el cinturón de campeón y anunciasen el enfrentamiento como en los campeonatos de boxeo: «*Ladies and gentlemen…*».

La gente quería espectáculo. Y se lo dieron. A la hora acordada Poroshenko se dirigió al escenario, le estrechó la mano a Volodymyr y el debate dio comienzo. Poco después, quedó claro que Volodymyr Zelenskii no estaba tan indefenso como había imaginado Petró Poroshenko. Lo que sucedió aquel 19 de abril en el escenario del estadio olímpico de Kyiv difícilmente puede llamarse debate político. Más bien pareció la típica edición del concurso KVN. En concreto, la competición de los capitanes de los dos equipos. Y en ese escenario Zelenskii se sentía como pez en el agua. Es cierto que su intervención incurrió en muchos lugares comunes y clichés. Llamó «insurgentes» a los militantes del DNR. Puerilmente le auguró tiempos difíciles a su contrincante después de las elecciones. Pero Zelenskii en ningún momento dejó de parecer sincero e íntegro. Ni siquiera cuando su integridad fue zarandeada por su amigo del Kvartal 95, Yevhen Koshovii, que se encaramó imprevistamente al escenario con una sudadera con capucha en la que se leía «POHUY».[8]

Poroshenko y Zelenskii no hablaron sobre el futuro del país. Básicamente intercambiaron acusaciones, reproches e incluso algo que podríamos denominar «troleo político». El comediante acusó al quinto presidente de Ucrania de haberse rodeado de amigos corruptos, de tener negocios sangrientos, de no investigar las muertes del Euromaidán[9] y de no haber podido poner fin al conflicto en el Dombás. Por su parte, Poroshenko echó en cara a Zelenskii su incumplimiento del servicio militar obligatorio, su falta de independencia como político y sus vínculos estrechos con el oligarca Kolomoyskii y con los «regionales».[10]

La impresión general cuando terminó el debate fue la de una clara victoria de Zelenskii sobre Poroshenko, obligado a

[8] Expresión vulgar que podría traducirse como «Me la suda».

[9] En ucraniano, 'maidan' significa 'plaza'. Euromaidán es el sobrenombre de la conocida como la Revolución de la Dignidad: una serie de manifestaciones y disturbios heterogéneos de índole europeísta y nacionalista de Ucrania que llevaron a la caída del presidente Víktor Yanukovych.

[10] Militantes del Partido de Regiones, el partido prorruso del cuarto presidente Víktor Yanukovych, actualmente en busca y captura por alta traición.

arrodillarse en el estadio olímpico de Kyiv frente a las familias de los soldados ucranianos que habían muerto en el Dombás.

«No soy tu oponente, soy tu sentencia». Esta frase teatral, en boca de Zelenskii, puso punto y final al debate en el estadio. De hecho, puso punto y final al mandato de cinco años de Petró Poroshenko y significó el despegue de la carrera política de Volodymyr.

Una carrera que empezaba lastrada por los mismos errores que habían sepultado la de su oponente. Con un equipo igualmente acusado de corrupción. Con amigos y padrinos en el poder.

Pero Zelenskii apenas podía imaginar los retos que —tanto a él como al país— acechaban a la vuelta de la esquina, en febrero de 2022. Y con el inicio del conflicto, los ucranianos iban a descubrir a un presidente completamente distinto.

ZELENSKII Y 42 MILLONES DE PRESIDENTES

El 30 de abril de 2019 la Comisión Electoral Central anunció los resultados definitivos de las elecciones presidenciales: un 73,22 por ciento de los ucranianos había votado por Volodymyr Zelenskii, contra el 24,45 por ciento, que votó por Petró Poroshenko.

La contundente victoria de Volodymyr parecía dejar claro que en unas pocas semanas el antiguo personaje televisivo se pondría al frente del Gobierno. Pero finalmente la transición no resultó tan sencilla. La fecha de la investidura no se pudo fijar hasta dos semanas después, ya que los miembros del Parlamento en ese momento se encontraban de vacaciones, una situación que fue duramente criticada por el equipo de Zelenskii. Era como si les estuvieran diciendo: «Señores, retirénse de Bankova. Ahora estas oficinas son nuestras».[11] Casi parecía como si los vencedores en los comicios fueran a perder la paciencia y a empezar, de un momento a otro, a sacar ellos mismos los bártulos del equipo de Poroshenko de las oficinas de la administración presidencial.

Zelenskii entendió perfectamente el mensaje. Un novato como él no era «bienvenido» —por decirlo suavemente— en la política nacional. Ni siquiera su contundente victoria en las elecciones lo convertía en un semejante de aquellos que habían ejercido el poder durante más de una década desde las oficinas

---

[11] Calle Bankova, calle del centro de Kyiv donde se encuentra la sede de la Oficina del Presidente.

gubernamentales de las colinas de Pechersk.[12] Volodymyr captó la indirecta e inmediatamente le lanzó un ultimátum a la Rada Suprema: «La investidura debe tener lugar el 19 de mayo». Dicen las malas lenguas que Zelenskii insistió en esta fecha porque así se lo aconsejaban sus astrólogos, que afirmaban que aquel era un buen día para comenzar nuevos proyectos.

Sin embargo, el Parlamento desoyó el ultimátum de Zelenskii: el domingo 19 de mayo era el día reservado para el homenaje a las víctimas de las represalias políticas del periodo soviético.[13] Así que la investidura se fijó el día siguiente, 20 de mayo, para disgusto de Volodymyr.

El día de la investidura de Zelenskii, la plaza de la Constitución, frente al Parlamento, parecía la alfombra roja de Cannes: las cámaras de televisión sobrevolaban por encima de las cabezas de la muchedumbre y un mar de seguidores esperaba impaciente la llegada de la estrella. Un séquito de familiares, amigos y simpatizantes de Zelenskii se alineaba en una larga fila hasta el mirador junto al palacio Mariinski.

Cinco minutos antes de las diez, Volodymyr Zelenskii, acompañado de cuatro guardias de seguridad, se dirigió entre aplausos hacia el edificio de la Rada. El presidente recién electo estaba de buen humor, irradiaba satisfacción y avanzaba tendiéndoles la mano a todos aquellos que querían felicitarlo. Al ver entre la multitud a Yevhen Koshovii, uno de sus más íntimos amigos de Studio Kvartal 95, Zelenskii saltó por encima del cordón de seguridad para darle un sonoro beso en la cabeza rapada. Esta fue probablemente la última broma de Volodymyr como hombre de a pie.

A las 10:01 Zelenskii entró en el edificio de la Rada Suprema. Le llevó veinticinco minutos jurar el cargo para poder tomar la palabra ya como nuevo presidente. Su primer discurso como sexto presidente de la historia de Ucrania comenzó así:

---

[12] Distrito gubernamental de Kyiv, donde se encuentra la calle Bankova.

[13] Homenaje a las víctimas de las purgas políticas llevadas a cabo por Stalin en los años 1937 y 1938.

¡Queridos ucranianos! Cuando gané las elecciones, mi hijo de seis años me dijo: «Papá, he visto en la tele que dicen que Zelenskii es presidente. Entonces yo también soy presidente, ¿no?». De entrada me sonó como la típica salida infantil. Pero luego me di cuenta de que lo que había dicho mi hijo era totalmente cierto. Cada uno de nosotros es presidente de la nación.

Prácticamente todos los miembros de la Rada Suprema se mostraban escépticos con el nuevo presidente, pero Zelenskii, de pie detrás de la tribuna, parecía disfrutar con su rechazo. Estoy convencido de que si en ese momento hubiera estado en el plató del Kvartal 95, su reacción habría sido ponerse a dar saltos y a gritar: «¡Que os den por el culo a todos!». Pero el protocolo y la presencia de delegaciones extranjeras obligó a Zelenskii a moderar su comportamiento. Y aun con todo, su discurso no fue nada moderado.

En el discurso inaugural de su mandato, el presidente Zelenskii tuvo palabras de aliento para todos los ucranianos: tanto para aquellos obligados a emigrar como para los que habían perdido la fe en Ucrania, y muy especialmente para los habitantes de los territorios ocupados de Crimea y el Dombás. Gritó a los cuatro vientos que el país necesitaba paz y un proceso de regeneración. Era la pura imagen de un antisistema enfrentado a las estructuras de un Estado obsoleto.

Le dio al Parlamento dos meses para que aprobara las leyes de supresión de la inmunidad de los diputados y de lucha contra el enriquecimiento ilícito, así como para que preparara un nuevo código electoral. Y anunció que convocaría inmediatamente unas elecciones parlamentarias anticipadas. El lenguaje y el tono de Zelenskii en la sala de sesiones fue agresivo y abundante en ultimátums. Y sus palabras fueron recibidas con estrépito, entre aplausos y gritos de descontento, lo que le obligó a articular cuidadosamente cada palabra de su discurso, haciendo pausas teatrales. Todo lo que ocurrió aquel día bajo la cúpula del edificio de la Rada parecía sacado de un capítulo de *El servidor del pueblo*. El presidente exigió la renuncia inmediata del jefe del Servicio de Seguridad, del ministro de Defensa, del fiscal general y de varios otros miembros del Gobierno. Solo le faltaron las dos ametralladoras, una en cada mano, con las que su héroe televisivo disparaba a los diputados en la pantalla.

Los «dinosaurios» políticos presentes en la sala observaban a Zelenskii desde arriba, escépticos. Igual que los cuatro expresidentes que estaban sentados en el palco de invitados, Leonid Kravchuk, Leonid Kuchma, Víktor Yushchenko y Petró Poroshenko. Es difícil imaginar en qué estaría pensando Víktor Yanukovych, que probablemente se encontraba cerca de Moscú en ese momento. Pero el rostro crispado de Olena Zelenskaya, que había tomado asiento junto a los expresidentes, era todo un poema. La primera dama estaba tensa y preocupada. Ella había sido una de las pocas personas que desde el principio había estado en contra de que su marido emprendiera la carrera política.

Al finalizar la toma de posesión, el portavoz del Parlamento, Andrii Parubi, dijo con una sonrisa: «Muchas gracias a todos por haber participado en esta cita solemne. Ha sido divertido», un comentario que a Zelenskii no pareció gustarle demasiado. Pero no se paró a discutir con Parubi. Al abandonar la sala, en cambio, el presidente sí intercambió algunas frases «corteses» con Oleg Liashko, un hombre al que había parodiado repetidamente en el plató del programa Vecherniy Kvartal. «Volodymyr, empezaste mal, terminarás mal», le espetó el líder del Partido Radical, y en respuesta Zelenskii le señaló con su dedo índice.

No cabe duda de que, desde el punto de vista cinematográfico, la investidura de Zelenskii fue un episodio brillante: un guion bien escrito, un desarrollo vibrante y una puesta en escena trabajada. Todos aquellos que pudieron asistir a la retransmisión de esa toma de posesión, los que la siguieron en las pantallas instaladas en el exterior del edificio de la Rada y los que la vieron en televisión desde sus casas, se emocionaron al comprobar cómo su ídolo empezaba a quebrar las estructuras del sistema.

Era el inicio de una nueva era: la era del presidente Zelenskii.

BANALIZACIÓN DE LA EXPRESIÓN «SERVIDOR DEL PUEBLO»

Primero fue una palabra o, más bien, una frase. Y esa frase sirvió para dar nombre a una serie: *El servidor del pueblo.* Luego apareció un partido político con ese mismo nombre (antes se habían agrupado bajo la denominación de Partido del Cambio Decisivo). Un partido sin ideología, sin bases de afiliados, sin miembros fundadores. Una especie de *fast food* político adaptado a la era del sexo virtual. Un partido con dudosas perspectivas electorales cuyo líder era un joven abogado, amigo de la infancia de Zelenskii, Iván Bakanov. Sin absolutamente nada detrás, en diciembre de 2017 el partido contaba ya con una expectativa de voto del 4 por ciento. Un poco después, las encuestas ya le auguraban un apoyo del 5 por ciento, y enseguida del 8,7 por ciento.

Los asesores de imagen y expertos en mercadotecnia se sentían cómodos con la suerte de Vasyl Goloborodko en el universo virtual. Y mientras tanto, en la vida real, Zelenskii echó a rodar su carrera presidencial con el apoyo de Servidor del Pueblo. Porque aunque en la papeleta figuraba como candidato independiente, a nadie se le escapaba que Servidor del Pueblo quería decir Zelenskii, y Zelenskii, Servidor del Pueblo.

Después de su triunfo en las elecciones presidenciales, no había duda de que el partido del que él era el líder informal se convertiría en el principal partido del país. A finales de mayo de 2019, a Iván Bakanov, el líder formal de Servidor del Pueblo, le ofrecieron el puesto de jefe del Servicio de Seguridad del Estado, al mismo tiempo que era relevado en su cargo dentro del partido por Dmytró Razumkov. Dos semanas después, en su congreso celebrado en el jardín botánico de Kyiv, el partido presentó la lista de los «cien principales» que representarían a Servidor del Pueblo en las elecciones anticipadas. En caso de que las elecciones les otorgaran el *quorum* necesario, esos serían los diputados parlamentarios para la Rada Suprema.

En un primer momento, los socios de Volodymyr Zelenskii proclamaron que Servidor del Pueblo era un partido de ideología liberal. Después, en repetidas ocasiones, algunos de ellos intentaron corregir la posición ideológica del partido. La última vez que dijeron algo, Servidor del Pueblo al parecer defendía la ideología del «centrismo ucraniano». Ante semejantes vaivenes, resulta imposible que ni la mitad de sus partidarios conocieran los principios ideológicos del partido al que habían votado. Para ellos, *El servidor del pueblo* no era más que una serie popular en la que Zelenskii, en el papel de Vasyl Goloborodko, gana las elecciones y pone fin a un Gobierno corrupto al que la gente aborrece.

Para la mayoría de sus seguidores, Servidor del Pueblo era un enigma político. El congreso del partido se amenizó con Coca-Colas, pizzas y shawarmas, menudearon los *selfies* con famosos y tertulianos de moda, y los memes como el de «¿Un estadio? ¡Pues un estadio!» y el de «Lo hemos logrado juntos». A la grandiosa victoria en las elecciones presidenciales había seguido una investidura de película. El líder era joven, agradable y chispeante. Todo parecía como sacado de un videojuego. Parecía que el mundo estaba cambiando a mejor y que los partidos políticos por fin iban a unirse a esa marea de cambio. No había duda: ya no era posible mantener los rígidos esquemas del antiguo PCUS ni soportar sus soporíferas sesiones.

En realidad, el fenómeno de Servidor del Pueblo se basó en conseguir que el partido fuera percibido como el proyecto del héroe de una serie de la tele, Vasyl Goloborodko, y no como el proyecto político del nuevo presidente, Volodymyr Zelenskii. Los votantes parecían convencidos de que había ocurrido un verdadero milagro.

Eso no impidió que, a lo largo de la campaña, circularan insistentemente críticas a la falta de talento y experiencia del equipo de Zelenskii. Y la aparición esporádica de algunos personajes en las tertulias televisivas tampoco ayudó a que la ciudadanía se formara una idea clara sobre quién iba a acompañar al nuevo jefe de Estado en su tan cacareado proceso de cambio.

Tuvimos que esperar a la celebración del congreso del partido, el 9 de junio de 2019, para conocer por fin a los integrantes del equipo de Gobierno. Pero entre los cien primeros nombres de la lista, había muchos desconocidos, y en caso de victoria en las elecciones parlamentarias esos desconocidos serían nombrados diputados en la Rada Suprema. Desde el partido trataban de explicar el asunto haciendo referencia a un vago proyecto llamado «Ascensor».[14]

Eso sí, los primeros nombres de la lista de «servidores» no sorprendieron a nadie. Eran los que habían llevado a Zelenskii a la victoria en las presidenciales: el líder del partido, Dmytró Razumkov; el jefe de gabinete, Oleksandr Kornienko; el portavoz del presidente en el Parlamento ucraniano, Ruslán Stefanchu; el CEO de 1+1, Oleksandr Tkachenko; la abogada Iryna Venediktova, y el jefe de soporte técnico, experto en tecnología y desarrollo digital Mykhailo Fedorov.

Dmytró Razumkov se comprometió a trabajar a fondo durante todo el mes siguiente en la lista del partido para analizar escrupulosamente a todos aquellos que se presentarían bajo la marca Servidor del Pueblo en los principales distritos. El mensaje estaba claro: Dios no lo quiera, pero si alguien ensombrece la reputación impecable del proyecto, dejará el equipo de inmediato. A pesar de las buenas intenciones, no había duda de que se trataba de un riesgo importante. Era un partido nuevo, sin bases fuertes, y la probabilidad de cometer errores en la elección de representantes era alta, unos errores que tendrían un elevado coste para Volodymyr Zelenskii y para el país entero.

Los sucesos que tuvieron lugar entre mayo y junio de 2019 en el equipo del nuevo presidente pueden hacer pensar en una

---

[14] Con el sentido de ascensor social.

travesía transoceánica. Un grupo de pasajeros se embarca alegremente en un buque llamado Poder, suena música ligera y todo el mundo parece estar pasándolo estupendamente. Nadie sospecha que ese transatlántico pueda llegar a convertirse en un nuevo Titanic político, y sin embargo no sería la primera vez que ocurriera algo así en la política ucraniana. Casi todos los expresidentes de Ucrania —Leonid Kuchma, Víktor Yushchenko, Víktor Yanukovych y Petró Poroshenko— alcanzaron el poder aupados en partidos políticos que ellos mismos habían creado y que después enseguida cayeron en el olvido. ¿Era consciente de ello Volodymyr Zelenskii? Por supuesto. Y de hecho, durante tres años pudimos asistir al naufragio de Servidor del Pueblo. Solo el estallido del conflicto bélico en 2022 ha podido impedir que se hunda definitivamente.

Los ucranianos son un pueblo proclive a creer en mitos y leyendas: el oro del *hetman* Polubotok, escondido en algún lugar de Gran Bretaña;[15] el mesianismo de Víktor Yushchenko; la fe ciega en Zelenskii y su partido… Como en las películas. O en las series de la tele. Pero a la gente se le olvida que Servidor del Pueblo, el partido, nada tiene que ver con el profesor Goloborodko y su bicicleta. El partido está íntimamente relacionado con la identidad de un hombre y con el futuro de sus hijos. Zelenskii y su equipo recibieron un voto de confianza sin precedentes. Si fue o no un acierto, solo podremos comprobarlo cuando termine la guerra. Hoy, el cometido de Volodymyr Zelenskii y el de Servidor del Pueblo consiste no solo en cumplir sus promesas electorales, sino en luchar por la independencia de Ucrania.

---

[15] En 1723, tras ser llamado a capítulo por el zar Pedro I de Rusia y al sospechar que iba a ser arrestado, el *hetman* (comandante) Pavlo Polubotok supuestamente depositó en un banco inglés 200 000 monedas de oro a un interés del 7,5 por ciento anual (aunque las cantidades difieren dependiendo de las versiones). En su testamento legaba el 8 por ciento del depósito a los ciudadanos de una Ucrania independiente en el futuro. El depósito, y sus astronómicos intereses, nunca han sido encontrados ni devueltos.

UNA IMPRESORA ENLOQUECIDA
AL SERVICIO DEL PRESIDENTE

Tras la decisión de disolver el Parlamento, Volodymyr Zelenskii depositó sus esperanzas en las elecciones anticipadas a la Rada Suprema, previstas para el 21 de julio de 2019. El presidente y su equipo calculaban que podrían obtener al menos un tercio, si no la mayoría, de los escaños del órgano legislativo.

Pero los resultados de las elecciones superaron todas las expectativas del Equipo Zeta (así se conocía coloquialmente al equipo de Zelenskii): el 43,16 por ciento de los votantes apoyaron a Servidor del Pueblo. En los distritos electorales uninominales, ganaron 130 de sus candidatos. Como resultado, los «servidores» ocuparon 254 escaños en la Rada Suprema. Por primera vez en la historia de la Ucrania independiente un partido tenía mayoría en el Parlamento.

En los pasillos circulaba un chiste de boca en boca —y no era para menos—, se decía que los 254 diputados podrían acceder a la Rada con un solo pasaporte, el del presidente Zelenskii. Gracias a él, el Parlamento se llenó de desempleados, fotógrafos de eventos, tertulianos televisivos y hosteleros. Profesionales sin una formación política sólida y con conocimientos generales bastante mediocres que jamás hubieran ocupado un escaño en el máximo órgano legislativo ucraniano sin el apoyo de Volodymyr Zelenskii.

El presidente no ocultaba el orgullo que sentía por su éxito político. En apenas doce horas el nuevo Parlamento cambió por completo la fisionomía de la élite política del país, desde los ministros hasta el fiscal general. Sin consultas, sin negociaciones con representantes de otras fuerzas políticas, sin protestas.

Y los nombramientos no depararon muchas sorpresas. El amigo de la infancia de Zelenskii, y exdirector de Kvartal 95, Iván Bakanov, ocupó el cargo de jefe del Servicio de Seguridad de Ucrania. Oleksii Honcharuk, que en los últimos tres meses había desempeñado las funciones de subdirector de la Oficina del Presidente, fue nombrado primer ministro. Ruslán Ryaboshapka, que antes ocupaba el cargo de subdirector de la Secretaría Presidencial, fue nombrado fiscal general, y Vadim Pristaiko, ministro de Política Exterior.

La media de edad de todos los que llegaron al poder el 29 de junio de 2019 estaba entre los treinta y los cuarenta años. Todos eran caras nuevas en la política ucraniana excepto el ministro del Interior, Arsén Avákov, que desde su sillón había visto pasar tres gabinetes de ministros y dos presidentes.

Mediante procedimientos legislativos simplificados, los socios de Zelenskii aprobaron a la velocidad del rayo varias docenas de proyectos de ley en unos pocos días. El ritmo de trabajo era tan intenso que se acuñó la expresión «el régimen de la impresora enloquecida». Pero a los jugadores más expertos del tablero político del país ese ritmo legislativo probablemente les haría pensar más bien en una apisonadora, una máquina infernal que lo aplastaba todo bajo sus rodillos y una gruesa capa de asfalto sin que dejar sitio a discusión alguna. Un tipo de operación que solo requería el trabajo del operario que manejaba la apisonadora, mientras todos los demás podían descansar.

Durante la campaña presidencial, los opositores de Zelenskii se manifestaron en numerosas ocasiones a favor de la transición de Ucrania de república presidencial-parlamentaria a república puramente parlamentaria. Pretendían así limitar las funciones y el poder del jefe del Estado. Pero después del éxito abrumador de Servidor del Pueblo en las elecciones parlamentarias, esta aspiración de transición democrática cayó en el olvido. De hecho, a partir del 29 de agosto de 2019, todo el poder del país se concentró en las manos de Volodymyr Zelenskii. La Rada

Suprema se convirtió en la práctica en una simple subdivisión de la Oficina del Presidente.

La «enloquecida impresora legislativa» en realidad estaba controlada desde el primer momento por los socios y amigos de Volodymyr: el portavoz del Parlamento, Dmytró Razumkov, y su primer adjunto, Ruslán Stefanchuk, que antes de ser político había sido una de las estrellas del equipo de KVN Tres Gordos, que representaba a la ciudad de Khmelnytsky. Los «servidores» controlaban las comisiones parlamentarias, velaban por el cumplimiento del reglamento y por el mantenimiento del orden en el debate de las propuestas de los proyectos presentados en la sala de sesiones. Y los diputados de otros grupos políticos se convirtieron en meros espectadores. ¿De verdad no había manera de impedir que Zelenskii y su equipo llevaran a cabo expeditivamente todas aquellas reformas?

La falta de competencia política de los representantes de Servidor del Pueblo en el Parlamento —junto con otros factores como su posición de monopolio y la continua toma de decisiones de gobierno fuera de los muros parlamentarios— enseguida condujo a la devaluación del papel del máximo órgano legislativo en el sistema de poder ucraniano.

A su vez, varios diputados y miembros de Servidor del Pueblo protagonizaron escándalos que les enfrentaron con la opinión pública, además de convertir a algunos de ellos en motivo de mofa. Maksum Buzhanskii llamó públicamente a una periodista «oveja estúpida». Mykhailo Radutskii se refirió a la ministra de Salud, Zoriana Skaletska, como a su «persona de confianza», y les deseó al resto de candidatas que les «dieran por el culo». Bohdan Yaremenko tuvo la magnífica idea de contratar los servicios de ciertas «chicas de compañía» durante una sesión en el Parlamento. Serhii Bragar le aconsejó a una mujer jubilada que vendiera a su perro para pagar los suministros de electricidad y de gas. Halina Tretiakova estableció una división entre niños ucranianos «de alta y de baja calidad». Davyd Arakhamia y Oleksandr Kornienko se refirieron respectivamente a sus compañeras del partido como «tiarronas» y «mosquitas muertas». El Velur, un restaurante propiedad de

Mykola Tishchenko, abrió ilegalmente durante la cuarentena por el COVID-19 para la celebración de fiestas privadas de alto nivel, cuando el resto de los establecimientos estaban obligados a permanecer cerrados.

Y aquí no acaba la lista. Oleksandr Dubinskii, para explicar por qué aparecían diecisiete coches de lujo en su declaración de la renta, no dudó en afirmar que su madre era amante de la adrenalina y la velocidad. Ruslán Stefanchuk recibió una ayuda a la vivienda por importe de 20 000 grivnas al mes, a pesar de que vivía en el apartamento de su suegra.[16] Yurii Koriavchenkov, uno de los actores de Kvartal 95, obligó a la policía de Kryvyi Rig a rendirle honores, y contó que Oleksandra Klitina llegó al puesto de viceministra de Infraestructuras haciendo favores sexuales. Oleksandr Trukhin provocó un grave accidente de tráfico mientras conducía con una alta tasa de alcohol en sangre. El diputado Oleksandr Yurchenko fue acusado de conspirar para recibir un soborno de 300 000 dólares por introducir modificaciones en un proyecto ley. Hasta once diputados de Servidor del Pueblo fueron condenados por haber recibido de hecho sobornos de 30 000 dólares cada uno.

Pero no adelantemos acontecimientos. Estos escándalos serán el pan nuestro de cada día del partido desde el momento en el que su política informativa se convirtió en una sucesión de titulares y *hypes*.

---

[16] Unos 650 €.

LA MOCIÓN DE CENSURA DE TRUMP

Zelenskii siempre había soñado con Hollywood. Y también, como cualquier otro actor, con llegar a ganar un Óscar. ¿Os acordáis de cuando Tom Cruise visitó Kyiv y Zelenskii se quedó mirándole fijamente a los ojos y no podía soltarle la mano al saludarlo, ahí plantado en su despacho de la calle Bankova?

Ni en sus mejores sueños Zelenskii se habría imaginado que un día se vería envuelto en un escándalo que acabaría desembocando en un intento de moción de censura del cuadragésimo quinto presidente de Estados Unidos.

El 25 de julio de 2019, Volodymyr Zelenskii recibió una llamada de Donald Trump. No era su primera conversación. El 21 de abril, Trump había felicitado personalmente a Zelenskii por su victoria en las elecciones. Sin embargo, esta vez el presidente de Estados Unidos le pidió que profundizara en el caso de Joseph Biden o, mejor dicho, en el caso de su hijo, Hunter. «Últimamente se habla mucho sobre el hijo de Biden. Joe ha logrado frenar la investigación, pero mucha gente se está preguntando qué ha sido exactamente lo que ha ocurrido. Así que creo que cualquier comunicación que pueda tener usted con el fiscal general sería apropiada… Biden no hace más que jactarse de haber detenido la investigación, así que creo que usted podría dedicarle cierto tiempo a estudiarlo despacio. Es lamentable…», se quejó Trump a Zelenskii.

Zelenskii le prometió que investigaría el caso, y dejó caer que pronto se nombraría a un nuevo fiscal general entre sus personas de confianza, y agregó: «En cuanto a la embajadora de Estados Unidos en Ucrania, cuyo nombre no recuerdo, le estoy a usted muy agradecido porque fue el primero en decirme que era una mala embajadora, estoy de acuerdo con usted al cien por cien.[17] Su actitud hacia mí no era buena, apoyaba al presidente anterior, estaba de su lado. Y ella no me aceptaba como al nuevo presidente.»

Ruslán Ryaboshapka fue el primer fiscal general de la presidencia de Zelenskii. Asegura que nunca sintió que Zelenskii confiara en él:

No tuve esa sensación en absoluto. Aunque en realidad le confieso que tampoco me paraba demasiado a pensarlo. Sentía bastante presión porque el trabajo era extremadamente difícil y complejo, y yo me enfrentaba a un número extraordinario de desafíos y riesgos. La verdad es que mi mente estaba en otros asuntos, no tanto en aquella conversación concreta entre Zelenskii y Trump. Todo el mundo sabe que había renunciado a este cargo varias veces antes, a pesar de que es uno de los más prestigiosos en la administración del país. Sabía que, desde el momento en que aceptara, no tendría vida personal alguna. Pero esa vez era distinto. Zelenskii no me decía lo que esperaba de mí, tenía que ser yo quien le explicase cuál era la utilidad de mi puesto. Con todo, el tema principal que discutíamos no eran las prometidas investigaciones ni los casos contra Poroshenko, sino la profunda reforma de los órganos de la Fiscalía. Hablábamos constantemente de eso y estaba claro que esa debía ser mi tarea principal.

Ni Trump ni mucho menos Zelenskii esperaban que el contenido de su conversación desencadenase un escándalo en Estados Unidos. El 20 de septiembre, *The Washington Post* informó, citando sus propias fuentes, que un funcionario de inteligencia

---

[17] Marie Jovanovich, embajadora de Estados Unidos en Ucrania entre 2016 y 2019.

de Estados Unidos había presentado una queja formal ante sus superiores sobre el contenido de una conversación telefónica mantenida entre Trump y un líder extranjero anónimo. El Congreso respondió de inmediato anunciando el inicio de una investigación formal al anfitrión de la Casa Blanca y exigió que se publicara la transcripción completa de la conversación. Volodymyr Zelenskii era el líder extranjero referido en la denuncia.

La prensa estadounidense insistía en que el presidente de Estados Unidos presionó a su homólogo ucraniano para que acelerara la investigación sobre el hijo de Biden, que había sido miembro del consejo de administración de la empresa de gas ucraniana Burisma. El socio único de esta empresa era Mykola Zlochevskii, ministro de Ecología en la época de Víktor Yanukovych.

La Fiscalía General ucraniana acusó al exministro de enriquecimiento ilícito. Pero no pasó mucho tiempo hasta que se archivaron todos los casos relacionados con Burisma. La empresa pagó sus deudas tributarias, y el fiscal general, Víktor Shokin, fue destituido del cargo (según el abogado de Trump, Rudolph Giuliani, debido a la investigación del caso Burisma). Y a pesar de todo, la historia con Hunter Biden no cayó en el olvido.

En el tiempo en el que el escándalo hizo más ruido, Zelenskii —cuyo nombre aparecía constantemente en los titulares de todos los periódicos estadounidenses— no dejaba de insistir en que Trump no lo había presionado. Decía que él era el líder de un estado independiente y soberano, pero ¿en qué mundo vivimos?, ¿quién iba a atreverse a presionarlo?

Sin embargo, la opinión pública en Estados Unidos no pensaba lo mismo. Y en diciembre de 2019, Trump se convirtió en el tercer presidente en la historia de Estados Unidos contra el que se emprendía un proceso de moción de censura. En relación con la conversación telefónica sostenida con Volodymyr Zelenskii, Trump fue acusado de abuso de poder y obstrucción a la justicia. Aunque finalmente, el 5 de febrero de 2020, el Senado lo absolvió de ambos cargos.

La historia del hijo de Joe Biden fue muy parecida a la de Paul Manafort, que también llevó a Ucrania a los titulares de la prensa estadounidense. En 2016, en el apogeo de la campaña presidencial en Estados Unidos, en Kyiv se publicaron extractos del libro de contabilidad interna del Partido de las Regiones (PR). En ellos aparecía el nombre del entonces jefe de la Sede Electoral de Trump entre los destinatarios de cuantiosos pagos en efectivo realizados por los aliados de Víktor Yanukovych. Manafort tuvo que dimitir, y después, por otros cargos, acabó siendo sentenciado a siete años y medio de prisión. Trump interpretó aquella publicación como una maniobra de Kyiv en su contra. Y el episodio tuvo consecuencias graves para la presidencia de Petró Poroshenko, que tuvo que luchar durante mucho tiempo para conseguir que se restablecieran las relaciones diplomáticas entre Ucrania y la Casa Blanca.

El intento de moción de censura a Trump casi parece el argumento de una película de Hollywood, en la que el papel del presidente Volodymyr Zelenskii bien podría haberlo interpretado el actor Volodymyr Zelenskii. Irónicamente, Joseph Biden —ya como presidente— se ha convertido en uno de los principales apoyos políticos de Zelenskii y de Ucrania desde el inicio de la guerra. Si Zelenskii hubiese accedido, en el verano de 2019, a la propuesta de Trump y hubiera retomado el caso contra el hijo de Biden, quién sabe cómo sería hoy su relación con el actual presidente y si Estados Unidos se hubiera dignado a brindar un apoyo tan firme a Ucrania en su lucha contra la invasión rusa.

VICEPRESIDENTE BOHDAN

Encantador, vivaz, bromista, amante de la vida, sibarita, un auténtico *troll* en política y transgresor de todas las reglas habidas y por haber, Andrii Bohdan es un personaje brillante en la corte de Volodymyr Zelenskii. Pocos pueden compararse con él en audacia, parece empeñado en demostrar que el mundo entero gira alrededor de su persona.

Amante de la navegación en alta mar y propietario de un vehículo Tesla, Bohdan ha protagonizado muchísimas leyendas. Se rumoreaba que le había roto un diente al jefe del Servicio de Seguridad de Ucrania, Iván Bakanov, o que infringía a propósito las reglas establecidas por Zelenskii. Dio mucho que hablar también su supuesta renuncia repentina al cargo en julio de 2019 y, antes, cómo había competido por «entrar en el equipo» del jefe de Estado.

El propio Bohdan se jacta de haber persuadido a Zelenskii para que se presentara a la presidencia. Cuando aún era asesor del delegado de Gobierno en Dniprópetrovsk, Ígor Kolomoyskii, Bohdan le sugirió al director artístico de Kvartal 95 que se presentara a las elecciones regionales en el distrito electoral en el que ganó Borys Filatov (quien posteriormente dejó el cargo para asumir la alcaldía de Dnipró). Este episodio tuvo lugar en 2015, y en ese momento Zelenskii se negó a renunciar a su carrera artística por la política.

Bohdan se graduó en la facultad de Derecho de la Universidad Estatal de Lviv, en la que su padre, Iosip Gnatovich, era profesor asociado de Derecho Procesal Civil. Trabajó en Ferroviaria Occidental a las órdenes de Grygorii Kirpa, y cuando este fue nombrado ministro de Transporte, se mudó a Kyiv. En la capital Bohdan se desempeñó sucesivamente como abogado pro bono, viceministro de Justicia, asesor de Andrii Portnov y comisario del Gobierno para la política anticorrupción. Se presentó dos veces a la Rada Suprema: en 2007 aparecía en el número 93 de las listas del partido Nuestra Ucrania - Autodefensa Popular, y en 2014, en el 74 del Bloque de Petró Poroshenko (BPP). Sin embargo, nunca llegó al Parlamento. La primera vez, estaba demasiado abajo en la lista para salir elegido, pero la segunda se lo impidió la llamada «ley de Bohdan», que se aprobó en febrero de 2016. Según esta iniciativa legislativa, los líderes de los partidos estaban facultados para excluir candidatos de las listas electorales una vez concluidas las elecciones.

Según Serhii Leshchenko, exdiputado del BPP, esta ley se aprobó precisamente para evitar que Andrii Bohdan, entonces abogado del empresario Gennadi Korban, pudiese ocupar un escaño en la Rada. En 2017, como recuerda el propio Bohdan, publicó en redes sociales, estando de viaje en el Vaticano, lo siguiente: «He hablado con el Papa. Me ha dicho que Volodymyr Zelenskii será presidente». El exdirector de la Oficina del Presidente le dijo al periodista Dmytró Gordon, en una entrevista el 9 de septiembre de 2020: «Está claro que aquel comentario no fue más que una broma. Pero yo había estudiado los datos de las encuestas y mostraban que había una alta demanda social de caras nuevas en política».[18]

Un año antes de las elecciones presidenciales, Bohdan se reunió con Zelenskii y le rogó encarecidamente que se postulase para la jefatura del Estado. Por aquel tiempo Bohdan trabaja-

---

[18] Dmytró Gordon, periodista, músico y político ucraniano. Es uno de los periodistas más reconocidos en todo el país. Desde 1995, edita un periódico, *Boulevard* (que cambió su nombre en 2005 a *Gordon Boulevard)*, con más de dos millones y medio de lectores semanales. Ha publicado más de treinta y cinco libros y desde el año 2000 es el director, productor y presentador del programa de televisión *Visiting Dmytro Gordon*, donde ha entrevistado a más de quinientas figuras de primera línea como Gorbachov, Serguéi Jrushchov o Leonid Kravchuk.

48

ba para Ígor Kolomoyskii y su grupo bancario, Privatbank;[19] él era el vínculo entre Kolomoyskii y Zelenskii. Incluso antes de la carrera electoral y la presidencia, Bohdan había acompañado a Zelenskii en sus viajes a Ginebra y a Tel Aviv, donde residía el oligarca ucraniano.

Sea como fuere, en 2018 Andrii Bohdan se convirtió en la persona de máxima confianza de Volodymyr Zelenskii. Tenía un conocimiento mucho más profundo de la política ucraniana que el propio candidato a la presidencia. Había sido el abogado personal de Ígor Kolomoyskii y del empresario Gennadi Korban; llevaba mucho tiempo en política y estaba al tanto de todas las intrigas, algo que seguramente le vendría muy bien al antiguo director artístico de Studio Kvartal 95, un neófito en política.

Y por lo que parece, para Andrii Bohdan formar parte del equipo de Zelenskii era una cuestión personal. Quería demostrarle a Petró Poroshenko que se había equivocado al iniciar acciones legales en su contra y eliminarlo de la lista parlamentaria del BPP. Hoy Andrii Bohdan afirma que no le guarda rencor a Poroshenko, y siempre habla con ironía del escaño que no pudo conseguir bajo sus siglas. Sin embargo, impugnó la decisión de excluirlo de la lista de BPP y, en octubre de 2019, los tribunales le dieron la razón. No olvidemos que Andrii Bohdan había conocido a Petró Poroshenko en 2004, cuando trabajaba en el departamento legal de Nuestra Ucrania durante las elecciones presidenciales de Víktor Yushchenko.

Cabe señalar que, durante la campaña presidencial de 2019, Bohdan, al igual que Zelenskii, evitó la publicidad excesiva y solo tuvo un par de apariciones en tertulias televisivas; sin embargo, durante el debate con Poroshenko en el estadio olímpico, pudimos verlo constantemente al lado de Zelenskii, susurrándole al oído. Esa imagen del hombre agachado so-

---

[19] Privatbank es el mayor banco comercial de Ucrania en número de clientes, activos, cartera de préstamos e impuestos pagados al erario público. PrivatBank es el único banco ucraniano con capital cien por cien ucraniano. Kolomoyskii era uno de los principales accionistas junto a Gennady Bogolyubov, pero, tras dos años de investigación, el banco fue nacionalizado, por el gobierno de Poroshenko en diciembre de 2016.

bre el oído de Volodymyr quedará asociada con Bohdan para siempre, al igual que la victoria electoral de Zelenskii.

Algo parecido había sucedido en julio de 1994, tras el triunfo de Leonid Kuchma. Muy cercano a Kuchma, en su cargo de jefe de la Administración del Presidente, se encontraba Dmytró Tabachnik, que era igualito que un pavo real. Tabachnik, como Bohdan, constantemente interfería en las conversaciones del presidente susurrándole al oído. Parecía sentir la necesidad imperiosa de demostrar que era, si no la persona más importante del Estado, al menos sí la segunda. Pero el orgullo desmedido y una excesiva confianza en sí mismo acabaron con la carrera política de Tabachnik. En 2019, Bohdan siguió el mismo camino.

En la primera mitad de su mandato, Zelenskii necesitaba a Bohdan. Verdaderamente lo necesitaba. Para mantenerlo cerca, llegó incluso a modificar el nombre de la Administración del Presidente, que pasó a ser la Oficina del Presidente porque, de lo contrario, Bohdan —como servidor público durante el mandato de Yanukovych y por tanto sujeto a la ley de lustración—[20] no podría haber accedido al cargo. Bohdan se convirtió en el compañero inseparable de Zelenskii: en su viajes de negocios o privados, durante las visitas presidenciales a las fábricas, las instalaciones deportivas y los conciertos.

Bohdan se hacía *selfies* con Zelenskii y su familia en las cataratas del Niágara, y con el presidente, ambos en bañador, en la playa de Lanzheron, en Odesa. Siempre tenía respuestas para las preguntas más complejas y aconsejaba al presidente sobre los nombramientos para los cargos claves. Parecía que nadie jamás se atrevería cuestionar la figura omnipotente de Bohdan. Y es probable que el propio jefe de la Oficina del Presidente también se creyera omnipotente, dadas las crecientes libertades que se permitía en público.

En el verano de 2019, la Oficina del Presidente filtró a los medios de comunicación una carta en la que Bohdan supues-

---

[20] Ley que buscaba limpiar los órganos del Estado después de los acontecimientos del Euromaidán y que apartó de sus cargos a todos los empleados públicos nombrados durante la administración del presidente Yanukovych.

tamente renunciaba al cargo. Cientos de medios, citando fuentes autorizadas, se pronunciaron al respecto. Y después resultó que era una «broma» que la Oficina del Presidente había gastado a los periodistas, a quienes el propio Bohdan solía llamar «zhurnashljukhi».[21] De hecho, Bohdan solía afirmar en público que el presidente no necesitaba a los medios de comunicación para dirigirse a los ciudadanos de Ucrania.

Después vinieron el conflicto entre Bohdan y el alcalde de Kyiv, Vitalii Klichko, y sus comprometedoras conversaciones telefónicas con el entonces director de la Oficina Estatal de Investigaciones (DBR),[22] Roman Truba. Posteriormente estas conversaciones se publicaron en la red, al tiempo que en su perfil oficial de Facebook Bohdan se quejaba de lo aburrido que estaba, amén de otras muchas payasadas que nadie pudo comprender.

En otoño de 2019 ya corrían rumores sobre la pérdida de influencia de Bohdan y la aparición de Andrii Yermak en el entorno más cercano de Zelenskii. Por lo demás, todo parecía indicar que el jefe de la Oficina del Presidente era consciente de que su autoridad andaba a la baja en los despachos de Bankova, pero no hay duda de que tampoco se esperaba una destitución. En diciembre de 2019, Zelenskii le ofreció a Bohdan el cargo de fiscal general, pero este lo rechazó. «Ese fue nuestro peor momento. En esa conversación, el presidente me dejó claro que no le importaba si yo decidía cambiar de trabajo», recuerda Bohdan.

Asimismo, en enero de 2020, la posición y la influencia de Yermak en la corte presidencial era incontestable. Él —y no Bohdan— acompañó a Volodymyr Zelenskii en su viaje oficial a Omán. Y también fue él quien se ocupó de las negociaciones con Irán tras el derribo del Boeing ucraniano. Y fue Yermak —y no Bohdan— quien inició las negociaciones con Moscú.

El 11 de febrero de 2020 el presidente Zelenskii destituyó a Andrii Bohdan. El día anterior, en una reunión privada, los dos habían decidido ponerle fin a su relación y tomar caminos sepa-

---

[21] Juego de palabras en ruso que iguala a periodistas ('zhurnalistka') y drogadictos ('zhurnashljukhi').

[22] La DBR (Derzhavne Bjuro Rozsliduvan) investiga los delitos penales cometidos por altos cargos.

rados. Zelenskii le dijo a Bohdan que lo veía como a una mujer a la que se ha dejado de amar: «No sé qué haces bien ni qué haces mal, solo sé que hagas lo que hagas solo siento rechazo».

Cuatro meses después, Zelenskii declaró que Bohdan, que aún era el segundo representante de facto del Estado, abusaba de su poder y en muchos casos era una fuente de conflictos dentro del equipo. En respuesta, Bohdan escribió en Facebook:

Estimado Volodymyr Oleksandrovich, con el presente mensaje me propongo responder a algunos de sus últimos comentarios.

La ética empresarial no permite que las personas decentes comenten periodos de actividad conjunta, ni siquiera cuando sus caminos profesionales se hayan separado. Por supuesto, en Ucrania, esta regla no se respeta lo suficiente y, como abogado en ejercicio de mi profesión —también sigo siendo el suyo—, puedo relatar, como le he relatado a usted, cientos de historias de este tipo que no acabaron nada bien.

Por supuesto, usted sabe que tengo información sensible sobre usted y sobre el país, pero, créame, seguiré siendo una persona decente.

En cuanto a su decisión de apartarme del poder, le estoy muy agradecido, porque mi nombre no aparecerá relacionado con el caos al que usted está arrojando al país. Déjeme recordarle uno de nuestros acuerdos: le prometí trabajar honestamente con usted hasta que me permitiera irme. Porque yo no perseguía altos cargos o nombramientos sino la realización de un sueño. Y he hecho mucho en seis meses: usted, yo y todo nuestro equipo hemos logrado concentrar de forma democrática el poder absoluto en el país. Pero usted cogió este sueño y en apenas cuatro meses lo convirtió en una burla.

Lamento de todo corazón que haya cambiado el sueño colectivo de un país feliz y libre de corrupción por una existencia alejada de toda realidad y sujeta a los caprichos vulgares de un grupo de personas poco profesionales, narcisistas y manipuladoras.

Atentamente,

Andrii BOHDAN

Entre otras cosas, el exjefe de la Oficina del Presidente le dejaba claro a Zelenskii en este mensaje que no se atreviera a cruzarse en su camino. El antiguo bufón de la corte del jefe del Estado no tenía ningún miedo porque en su poder, como él mismo decía, obraba «información muy sensible». Lo que el día anterior no era más que una comedia de enredo estaba a punto de convertirse en una tragedia.

El 11 de agosto de 2020 le prendieron fuego el Tesla de Andrii Bohdan. Al mismo tiempo, en otro distrito de Kyiv, ardía al coche de su chófer, un Skoda. Ni siquiera el propio Bohdan relacionó estos dos hechos, que todo el mundo e interpretó como una simple coincidencia. Así lo explicó en una entrevista de cuatro horas y media que, el 9 de septiembre de 2020, le concedió a Dmytró Gordon. Durante esa larga conversación, Bohdan habló mucho sobre sí mismo, sobre Zelenskii y sobre la nueva «corte» del presidente. También se refirió al escaso conocimiento que según él tenía Zelenskii del sistema de gobierno y las sutilezas de la estructura del Estado.

> Consideraba a Zelenskii un buen amigo, pero hace tiempo que eso ha cambiado. Necesita despertar: el presidente de un país no puede ser como la Bella Durmiente. Es necesario que profundice en los asuntos de Estado y que haga un esfuerzo para encontrar la razón de las cosas, para comprender el porqué de cada cuestión. Es imposible gobernar con cabeza si lo único que sabes hacer es cambiar «bueno» o «malo» por «me gusta» y «no me gusta».

A raíz de esta entrevista Bohdan fue llamado inmediatamente a la Oficina Estatal de Investigaciones, donde se le tomó declaración sobre posibles vínculos entre altos funcionarios ucranianos y Moscú.

Roman Bezsmertnii, que conocía a Andrii Bohdan desde hacía más de una década, afirmó que el antiguo jefe de la Oficina del Presidente seguía teniendo contacto estrecho con su antiguo jefe de gabinete. Roman recuerda que, en el verano de

2019, cuando representó a Ucrania en el Grupo de Contacto Tripartito de Minsk (GCT),[23] se reunió con Bohdan.

> Sí, lo conocía de Nuestra Ucrania, pero una cosa es la calle y otra muy distinta es el cargo de jefe de la Oficina del Presidente, que en Ucrania es de facto igual al sillón del primer ministro. Después de nuestra conversación, tuve la sensación de que había ingerido algún tipo de veneno que me estaba dejando noqueado, pero estaba convencido de que sobreviviría porque soy un hombre sano. Y eso mismo pensé de Ucrania: ¿qué pueden hacer estas personas con Ucrania cuando no entienden en absoluto cómo funciona la maquinaria del Estado? Quiero decir, mejor que Bohdan no se ofenda por su destitución. No fue Zelenskii sino el Señor mismo quien lo salvó de una estancia en la cárcel. Aquellas cartas que escribió a los ministros en las que ordenaba a quién otorgar las subvenciones… Hoy en día todo el mundo parece haberlas olvidado, pero algún día saldrán a la luz y entonces nos acordaremos de sus abusos de poder. Estoy convencido de que ni siquiera Zelenskii sabía de la existencia de esas cartas.

Al analizar el intercambio de reproches entre Bohdan y Zelenskii, la conclusión es clara: el poder influyó en su relación y produjo en los dos profundos cambios. En estos años Zelenskii se ha acostumbrado a las ventajas que conlleva el cargo de jefe de Estado y ha adquirido además mucha experiencia en los sutiles procesos de la alta política. Zelenskii se ha transformado y Bohdan sigue siendo el de siempre, así que no les quedaba otra que separarse. Pero sea como sea, y a pesar de las pullas en público, en febrero de 2022 ni Zelenskii ni Bohdan dudaron en movilizarse para proteger a su país. El primero como comandante en jefe de las Fuerzas Armadas de Ucrania, y el segundo como miembro de las milicias ciudadanas organizadas bajo el nombre de Fuerzas de Defensa Territoriales.

---

[23] Grupo de Contacto Tripartito de Minsk: grupo de trabajo internacional formado por representantes de Ucrania, de la Federación Rusa y de la Organización para la Seguridad y la Cooperación en Europa (OSCE). Se constituyó tras las elecciones de mayo de 2014 en Ucrania para facilitar una salida diplomática al conflicto del Dombás.

Bohdan explicó que había intentado ponerse en contacto con Zelenskii pero que este no respondió a su llamada telefónica. Sin embargo, si antes ambos luchaban entre sí, ahora luchan contra un enemigo común: Putin y su régimen.

LA COSECHA DE 1978

El 25 de enero de 1978, en Kryvyi Rig, Oleksandr y Rimma Zelenskii tuvieron un hijo al que llamaron Volodymyr. Kryvyi Rig era ya por entonces una de las principales ciudades de Ucrania, aunque no fuera la capital de la provincia. Una gran urbe que se extendía más de cien kilómetros de punta a punta. Una ciudad potente, influyente, muy poderosa, aunque también era considerada una de las más sucias y contaminadas de la entonces Unión de Repúblicas Socialistas Soviéticas.

La economía de la ciudad giraba en torno a la minería y la siderurgia, y de alguna forma era como si Kryvyi Rig viviera según sus propias leyes no escritas, con sus tradiciones y reglas locales. A mediados de los sesenta la población superaba el medio millón de habitantes, muchos de ellos procedentes de distintas partes del país. Era una gran ciudad industrial constantemente necesitada de renovar su mano de obra. Y los obreros, a su vez, necesitaban pan y ocio.

La ciudad, además, crecía rápidamente, era un polvorín de obreros, locales de ocio y alcohol. Así lo demostró la llamada revuelta de Sotsmistechko, en junio de 1963. El 16 de junio de ese año, un soldado apellidado Taranenko se subió borracho y fumando a un tranvía. Los pasajeros le llamaron la atención, pero él hizo caso omiso. Un policía que viajaba en el mismo tranvía se encaró con él. Hasta aquí todo normal. Pero el asunto es que el soldado se dio a la fuga, y el policía —que

casualmente también estaba ebrio— decidió que debía dete-
nerlo a toda costa. Sin mediar mayores explicaciones, llamó
para pedir refuerzos. Y cuando los refuerzos llegaron comenzó
un tiroteo que acabó con dos jóvenes heridos, un chico y una
chica. El soldado, por su parte, fue detenido y trasladado a
una comisaría, donde recibió una soberana paliza.

La historia tuvo un desenlace digno de película: una multitud se manifestó junto al departamento regional de policía
para exigir que los agentes fueran castigados. La tensión estalló
y una oleada de disturbios masivos y batallas campales arra-
só la ciudad. Las autoridades se vieron obligadas a desplegar
tropas y sacar tanques a la calle para sofocar el motín, que
finalmente dejó siete fallecidos y más de doscientos heridos.
Más de cuarenta personas fueron puestas a disposición de las
autoridades judiciales, y algunas de ellas fueron sentenciadas a
más de diez años de prisión. El régimen soviético quiso utilizar
estos juicios para dar ejemplo de severidad, y las vistas tuvieron
lugar en el Club Obrero de Kryvyi Rig.

Este episodio es solo un ejemplo que puede servir para entender lo dura que era y sigue siendo la ciudad donde nació y se crio
el futuro presidente de Ucrania. Una ciudad en la que, por lo
demás, durante aquellos turbulentos años el abuelo de Zelenskii,
veterano de la Segunda Guerra Mundial, era policía local.

El año en que nació Zelenskii fue además un gran año para
la carrera espacial. La Unión Soviética seguía invirtiendo grandes sumas en su aventura del espacio. El 10 de enero de 1978,
la nave espacial Soyuz 27, pilotada por Vladímir Dzhanibekov
y Oleg Makarov, partió desde la base espacial de Baikonur; el
2 de marzo se lanzó la Soyuz 28, con el astronauta soviético
Alekséi Gúbarev y el checo Vladímir Remek a bordo. Y ese
mismo año les siguieron las misiones Soyuz 29, Soyuz 30 y
Soyuz 31. La URSS se esforzaba por demostrar en el escenario
mundial su superioridad en la carrera espacial. Esa competición feroz con el mundo capitalista tenía lugar en el contexto de la más que modesta realidad soviética, en la que poder
comprar a plazos una nevera, una lavadora o un televisor era
una gran suerte, y conseguir unos zapatos yugoslavos, como si

te hubiera tocado la lotería. El país gastaba cientos de millones de rublos en exploración espacial, pero no era capaz de dotar a las escuelas rurales de suministros y recursos básicos.

1978 fue también el año en el que la KGB desmanteló en Ucrania el llamado Comité de Helsinki,[24] que luchaba por los derechos humanos en la URSS. Mikola Rudenko y Levko Lukianen, fundadores del comité, fueron encarcelados. Miroslav Marinovich, Mykola Matusevich y Petró Vins, y otros activistas, poetas, publicistas, periodistas y miembros del Comité de Helsinki también fueron puestos entre rejas. La censura se intensificó en la república. El entonces primer secretario del Comité Central de la CPU, Volodymyr Shcherbitski, hacía todo lo que estaba en sus manos para complacer a Moscú, persiguiendo y erradicando a los disidentes. Bajo su mando se produjo la total rusificación del aparato del partido comunista ucraniano. Y toda la élite gubernamental, a instancias de sus líderes, se veía forzada a adoptar el ruso como lengua oficial en su día a día.

El año 1978 también marcó el futuro del cuarto presidente de Ucrania, Víktor Yanukovych. El magistrado del distrito de Donetsk, Vitalii Boiko, dictó un voto particular que cambiará el sentido de dos sentencias condenatorias a Yanukovych por robo y lesiones graves, hechos ocurridos en 1967 y 1970. A consecuencia de ello, ambas sentencias fueron anuladas por falta de «cuerpo de delito». Ese mismo año, Yanukovych ingresó en el PCUS y comenzó su ascenso en el partido y en política, hasta que finalmente llegó a ser presidente de Ucrania. Dicen las malas lenguas que quien lo ayudó en su carrera de vértigo —de delincuente de poca monta hasta el Olimpo político— fue el dos veces héroe de la Unión Soviética, el astronauta Georgy Beregovy, que, al parecer, era el padre biológico de Yanukovych, aunque después lo reconoció como hijo legítimo. Sea como fuere, alguien muy poderoso usó sus influencias

---

[24] El Comité Helsinki de Ucrania fue fundado el 9 de noviembre de 1976 con el nombre de Grupo Público de Ucrania para promover la aplicación de los Acuerdos de Helsinki y vigilar los derechos humanos en la Republica Soviética de Ucrania. El grupo estuvo activo hasta 1981 cuando todos los miembros fueron encarcelados.

para borrar los antecedentes penales por dos delitos graves de Víktor Yanukovych, allanando así su camino hacia el poder.

Treinta y dos años después, el 10 de julio de 2010, Víktor Yanukovych, a quien habían absuelto en 1978, se reunirá con Volodymyr Zelenskii, que había nacido en 1978. Aquel día de verano las carreteras de la costa sur de Crimea estaban atascadas por la gran afluencia de invitados que se dirigían a la Dacha n.º 11 Zorya —la residencia estival del presidente— para celebrar su sesenta cumpleaños. Volodymyr Zelenskii era uno de los actores contratados para entretener a los invitados. A última hora de la tarde, el actual presidente y sus compañeros, cansados después del bolo, volvieron al hotel Yalta, donde se alojaba también una delegación de periodistas ucranianos (entre los que se encontraba el autor de estas líneas), hospedados allí gracias a la invitación del exalcalde de Yalta, Serhii Braik.

Cuatro años después, Yanukovych huyó a Rusia, y nueve años más tarde, aquel actor de poca monta que había hecho de bufón para Víktor y sus invitados en su fiesta de cumpleaños fue nombrado sexto presidente de Ucrania. 1978 los había unido para siempre: fue el año en el que uno dio sus primeros pasos en política y el otro sus primeros pasos sobre la tierra.

El último encuentro de Zelenskii y Yanukovych hasta la fecha tuvo lugar en marzo de 2022, ya en pleno conflicto bélico. Yanukovych, a quien Putin planeaba devolver a su país para que «reinara» en Kyiv, se dirigió públicamente a Zelenskii para aconsejarle que se rindiera. «Quiero dirigirme a Volodymyr Zelenskii como presidente, pero también como padre... Ya sé que usted tiene sus propios "asesores", pero es su obligación personal detener el derramamiento de sangre y llegar a un acuerdo de paz. Esto es lo que se espera de usted en Ucrania, en el Dombás y en Rusia. El pueblo ucraniano y sus socios occidentales se lo agradecerán», aseguró en su comunicado.

Zelenskii ignoró por completo el consejo del antiguo presidente. Y esa actitud fue su respuesta más elocuente. A diferencia de Yanukovych, Zelenskii no ha huido de su país en uno de los momentos más difíciles de su historia.

LA IRREEMPLAZABLE YULIA MENDEL

En el Foro de Editores celebrado en Lviv en septiembre de 2009, se me acercó una joven periodista con el micrófono del canal de televisión ICTV en la mano: «Serhii, ¿podemos hablar un momento? Soy Yulia Mendel». No recuerdo exactamente de qué hablamos, supongo que sería de libros. Seis años más tarde coincidimos en el canal Espresso TV, de cuya web yo era el editor y en el que ella dirigía dos programas, *Saludos desde Europa* y *Sin comentarios*. Fuimos compañeros solo unos meses porque a sus proyectos les puso fin un reportaje sobre la corrupción en la red ferroviaria de Ucrania, según ella misma ha explicado después.

A partir de entonces nuestros caminos profesionales se han mantenido separados. Al abandonar Espreso, Mendel fue corresponsal en Estados Unidos del Canal 112 y del canal Inter, y allí además hacía reportajes como periodista independiente para el *New York Times* y trabajaba como consultora de comunicaciones para el Banco Mundial en Ucrania. En junio de 2019 fue nombrada portavoz del presidente y volvimos a encontrarnos, aunque no por mucho tiempo. Después de nueve años de ser amigos en Facebook, de repente recibí —al igual que la mayoría de sus conocidos— una notificación que me avisaba de que Mendel dejaba de ser mi amiga.

La Oficina del Presidente nombró portavoz a Yulia Mendel el 3 de junio de 2019. Había accedido al cargo por oposición:

el equipo de Zelenskii anunció las bases a fines de abril, y se presentaron más de cuatro mil candidatos. Por qué el presidente decidió elegirla a ella sigue siendo un misterio. Mendel contó que había conocido a Zelenskii a propósito de una entrevista para el *New York Times* en la que participaron varios periodistas, y que, en la entrevista final antes de su nombramiento como portavoz, Zelenskii le hizo una prueba de inglés.

Yulia Mendel nació en Gueníchesk, en la región de Kherson, en una familia de médicos. En el momento de su nombramiento tenía treinta y dos años, se había graduado en Filología por la Universidad Nacional de Kyiv, había cursado un máster en Filología y había realizado estancias en la Academia Euroatlántica de Varsovia y en la Universidad de Yale. En una entrevista con Natalia Vlashchenko, Mendel contó que había nacido en una familia muy humilde y que recordaba haber pasado hambre durante la década de los noventa. Dijo también que la primera vez que se había topado con la corrupción del sistema fue al defender su tesina. En 2016, después de haber trabajado casi una década en el mundo de la televisión, decidió dejar el periodismo televisivo e invertir todos sus ahorros en una estancia académica en la universidad de Yale. Y por esas casualidades de la vida, consiguió un trabajo en Estados Unidos en el canal Inter.

No se puede afirmar que antes de su nombramiento Yulia Mendel tuviera una destacada carrera académica ni profesional: en Ucrania había cientos —si no miles— de periodistas como ella. Y, sin embargo, fue escogida para formar parte del equipo presidencial, donde le fue asignada una misión muy específica que ella cumplía a la perfección.

Y sin embargo Mendel cometió una infinidad de errores, una décima parte de los cuales habría acabado con la vida política de cualquier portavoz gubernamental. Para empezar, demostraba un constante desprecio hacia sus antiguos compañeros de profesión y, al igual que Bohdan, se esforzaba denodadamente por mantener a Zelenskii alejado de los medios de comunicación. En varias ocasiones hizo gala de una ignorancia supina sobre geografía mundial, al confundir por ejemplo

Lituania con Letonia u Ottawa con Toronto, y sus comentarios sobre el ejército ucraniano y la delicada situación en el Dombás habitualmente resultaban desacertados.

No obstante, ninguna de estas torpezas le costó el cargo y, con el paso del tiempo, su actitud superó los límites de lo aceptable. Sin embargo, el apoyo de Zelenskii era incondicional, incluso ante la petición colectiva de destitución por parte del gremio de periodistas, que denunciaba su falta de profesionalidad y la continua obstrucción del trabajo de varios de sus compañeros, como los periodistas de Radio Svoboda Serhii Andrushko y Christopher Miller.

«Por ahora no he perdido la confianza en ella... Todos somos humanos y podemos equivocarnos. Así que sí, solo puedo seguir defendiendo a la niña.», dijo Zelenskii públicamente en defensa de su portavoz.

Yulia Mendel se consideraba a sí misma miembro del equipo del presidente, una diplomática y profesional de la comunicación. Pero la opinión pública no estaba de acuerdo, y menos después de que el jefe de Estado y ella se tomaran, en marzo de 2020, una foto bastante frívola para una entrevista con *The Guardian*. La foto, en la que Zelenskii posa sentado y ella de pie con una mano apoyada en el respaldo de la silla del presidente, provocó una avalancha de memes y comentarios ordinarios porque daba una impresión demasiado «familiar». Tampoco ayudó la actitud de la propia Mendel, que constantemente se deshacía en elogios hacia las virtudes de su jefe. Algo que sin duda era del agrado de Zelenskii pero que daba pie a la circulación de rumores sobre una posible relación sentimental entre la portavoz y el presidente, e incluso sobre la paternidad del hijo de Mendel.

Yulia Mendel aguantó los cotilleos durante mucho tiempo, pero al final escribió una breve nota en su página de Instagram en la que pedía a los ucranianos que no se creyeran toda la lista de chismes malintencionados que circulaban sobre ella. «El Canal 24 ha publicado un artículo con la lista de los principales creadores de *fake news* de este año. Lean, piensen y recuerden: en relación con la información, no somos más que lo que consumimos. Respeten a los demás y, lo más importante, respétense a ustedes mismos», dijo la portavoz de Zelenskii.

Irónicamente, ella, la persona encargada de gestionar la comunicación del presidente y su relación con la prensa, no estaba preparada para resistir la presión ni las provocaciones mediáticas. Probablemente carecía de las cualidades necesarias para llevar la portavocía del jefe de Estado. A finales de abril de 2021, Yulia Mendel renunció al cargo y escribió el libro *Todos somos presidentes*,[25] en el que narra el ascenso de Zelenskii y su propia experiencia en el Gobierno. Por supuesto, a día de hoy, Mendel continúa trabajando con el equipo de Zelenskii.

---

[25] El libro fue publicado el 19 de julio de 2021 por la editorial Kharkiv Family Leisure Club. La tirada original era de dos mil ejemplares y estaba disponible tanto en ucraniano como en ruso.

MIRAR A LOS OJOS DE PUTIN Y...

Durante los primeros meses de su mandato, Volodymyr Zelenskii estaba ansioso por reunirse con Vladímir Putin. El nuevo líder de Ucrania necesitaba cumplir su promesa electoral de poner fin a la guerra en el Dombás. Por aquel entonces, Zelenskii ya se había dado cuenta de que la retórica de la que había echado mano durante su campaña electoral, y que se reducía a la fórmula de «simplemente dejar de disparar», era inviable, y de que no quedaba otra que sentarse a negociar con Putin.

Zelenskii creía que era posible mirar a los ojos del señor del Kremlin y establecer una relación de confianza más allá de la política, una relación entre dos seres humanos. No había nada que no estuviera dispuesto a aceptar para conseguir su objetivo: desde declarar el alto el fuego en el Dombás —cosa que al final no trajo la paz— hasta hacer retroceder a las fuerzas armadas de Ucrania de la primera línea, entre otros muchos gestos conciliadores con Moscú. Ese fue probablemente su mayor error estratégico. Zelenskii quería establecer un diálogo entre iguales con Putin. Como si se tratara de una negociación, sin tener en cuenta que Putin era claramente el agresor. Zelenskii estaba convencido de que podría bucear en los ojos del presidente ruso y encontrar un fondo de tristeza y duelo por los más de catorce mil fallecidos en el Dombás.

El presidente ucraniano parecía estar convencido de que su carisma de artista y su encanto personal harían maravillas en París, donde se celebró la cumbre de Normandía el 9 de diciembre de 2019, y de que volvería a casa con garantías de paz para las regiones del este de Ucrania. Pero Zelenskii no contaba con que Putin también tiene ciertas dotes artísticas y talento para el teatro. Y no es broma: el antiguo agente de la KGB ha desempeñado a la perfección el papel de «presidente de la paz» durante más de veinte años, haciendo como si sus tropas «no estuvieran allí», ni en Georgia, ni en Transnistria, ni en Siria, ni en Ucrania.

Zelenskii trató de presionar a Rusia en las negociaciones sobre el Dombás. En el verano de 2019, fortaleció su equipo de trabajo para el Grupo de Contacto Tripartito en Minsk al restituir en el cargo de negociador político a Roman Bezsmertnii, que había participado en el proceso de negociación durante la presidencia de Poroshenko. Pero un mes después, el 13 de agosto, Bezsmertnii fue de nuevo destituido de su cargo. A ese respecto, me dijo:

Unas tres semanas antes de la cita, le dije abiertamente a Leonid Danilovich Kuchma que no me veía en ese equipo y que creía que no encajaba. Entonces yo ya sabía perfectamente cómo era esa gente; me refiero a Zelenskii, a Kornienko y a Razumkov. Ucrania es un país muy pequeño donde la información viaja a toda velocidad, así que yo conocía a muchas de esas personas directamente o tenía referencias por terceros. En el ejercicio de los cargos que he desempeñado en la administración he podido ver de todo: sabía perfectamente que las decisiones que tomaría ese grupo de personas serían estúpidas, y así ha sido.

Bezsmertnii recuerda su reunión con Zelenskii, quien, a pesar de todos sus comentarios durante la campaña electoral, le agradeció que se uniera al Grupo de Contacto Tripartito en Minsk:

Lo que no me gustó de esta reunión fue que él [Zelenskii] desviaba constantemente la mirada. Yo siempre miro a los ojos de mis interlocutores, así que trataba de mirarlo a los ojos, pero él todo el tiempo desviaba la mirada. Pensé aquello formaría parte de su juego psicológico, o que simplemente se debería a su estado de ánimo. Cuando salí de allí [de la negociación del GCT], en la primera entrevista que me hicieron declaré que el presidente quería lo mejor, pero que aún no conocía todos los detalles del caso, y eso era lo que a mí me había parecido. Entonces le pregunté a Zelenskii cómo veía la situación en el este de Ucrania y él me respondió que para Año Nuevo, es decir, para 2020, el problema en el Dombás debía estar resuelto. Y entonces me di cuenta de que no tenía ni idea de lo que estaba hablando. Porque las palabras «resolver el problema en el Dombás» me sonaron como «luchar contra la corrupción» o «profundizar en las reformas económicas», es decir, como una mera frase hecha. Cuando me di cuenta de las debilidades del GCT, le pedí a Zelenskii que me encargara la preparación de los documentos pertinentes. En dos semanas tenía un proyecto encima de la mesa acordado con todos los participantes del GCT y del que estaba informado el secretario del Consejo Nacional de Seguridad y Defensa y el jefe de la Oficina del Presidente. Después de reunirme con este último, Andrii Bohdan, llamé a un amigo suyo y le dije: «Sácalo de aquí porque lo van a meter en la cárcel». Esta afirmación puede parecer un tanto ridícula, pero la verdad es que Zelenskii no sabía cómo funcionaban las instituciones del Estado (como él mismo reconoció en una entrevista con Dmytró Gordon en septiembre de 2020), y tampoco Bohdan tenía mucha idea. No eran capaces de comprender lo que estábamos haciendo allí ni cuál era el modo correcto de gestionar estas cuestiones. Fui testigo de los mismos errores que ya habíamos podido observar en 2013. La diferencia era que en 2019 se había establecido una línea del frente y teníamos unidades de combate lo suficientemente preparadas como para funcionar de forma autónoma y responder por sí mismas a los ataques del enemigo, algo que de hecho ya estaba ocurriendo. Mientras tanto, ni el sistema, ni las instituciones del poder ni, especialmente, el comandante en jefe del Ejército comprendían los problemas a los que nos estábamos enfrentando. Ante esta situación yo no pude quedarme callado, y ese fue el motivo de mi destitución.

El 1 de octubre de 2019, en el marco de los trabajos desempeñados por el Grupo de Contacto Tripartito de Minsk, el expresidente Leonid Kuchma acordó la aplicación de la llamada Fórmula Steinmeier, según la cual las partes acordaban un alto el fuego, la retirada de las tropas del frente, la aprobación en la Rada Suprema de una ley de amnistía en relación con los hechos ocurridos en los territorios y la celebración de elecciones locales supervisadas por la Organización para la Seguridad y la Cooperación en Europa (OSCE). Sin embrago, esta fórmula fue percibida por una parte de los ucranianos como una capitulación, y en muchas ciudades hubo protestas bajo el lema de «¡No a la rendición!», que pretendían evitar que el plan se implementara en la tan esperada cumbre de Normandía. Curiosamente, a finales de octubre del 2019, el propio Kuchma afirmó que la Fórmula Steinmeier, tal y como estaba diseñada en ese momento, era inaceptable para Ucrania.

El 8 de diciembre, víspera de la celebración de la cumbre de Normandía, unos diez mil manifestantes se juntaron en la plaza de la Independencia de Kyiv para celebrar un consejo del pueblo que pretendía marcar las «líneas rojas para Zelenskii». Esa misma tarde, el Movimiento de Resistencia a la Capitulación organizó piquetes cerca de la Oficina del Presidente, en la calle Bankova. Los organizadores de las dos movilizaciones explicaron que sus acciones estaban motivadas por el deseo de apoyar a Volodymyr Zelenskii en París. Decían que el Euromaidán ayudaría al presidente Zelenskii a organizar una clara oposición a Putin, aunque en realidad los piquetes en el centro de la capital no eran más que una advertencia para el propio Zelenskii.

En la Oficina del Presidente tenían su propia versión de las razones por las que la población de Kyiv se había unido a las protestas: por dinero. El jefe de la Oficina, Andrii Bohdan, estaba convencido de que la culpa era del expresidente Poroshenko, que había llenado los bolsillos de los manifestantes con Roshenkas.[26] Estas acusaciones no podían ser más fal-

---

[26] Bombones de la fábrica Roshen, propiedad de Petró Poroshenko; aquí el autor se refiere metafóricamente a las monedas, al dinero, nombrando los bombones.

sas, entre otras cosas porque en las protestas del Maidan había representantes de Batkivshchyna, Golos y Democratychna Sokyra,[27] además de veteranos del Dombás y gran número de activistas políticos. No era un grupo reunido en torno al dinero, sino en torno a la ausencia de una posición claramente articulada de Volodymyr Zelenskii en vísperas de la cumbre de París. Y es que por más que el presidente de Ucrania afirmara una y otra vez que no permitiría la aplicación de la Fórmula Steinmeier, resultaba poco convincente.

El 9 de diciembre, a las cuatro de la tarde hora local, comenzó la cumbre de Normandía en París. Era un día soleado. El presidente francés, Emmanuel Macron, recibió a los invitados en el porche del palacio del Elíseo mientras los periodistas esperaban de pie frente a la guardia presidencial, formada en el patio.

La canciller alemana, Angela Merkel, fue la primera en llegar. Un Mercedes-Benz la condujo hasta la entrada al palacio, donde el presidente Macron, elegante y sonriente, la esperaba; ella, vestida con una chaqueta azul, lo saludó y le dio dos besos.

Volodymyr Zelenskii fue el segundo en llegar, y lo hizo dentro de un Renault Espace que ingresó al patio y se detuvo en el soportal junto a la entrada. El presidente de Ucrania, vestido con un abrigo largo, cruzó enérgicamente el patio, pasó junto a la guardia presidencial y saludó con cordialidad al presidente francés. Uno de los periodistas rusos que se encontraba allí le gritó: «Señor Zelenskii, ¿qué sería un éxito para usted? ¡Señor Zelenskii! ¡Señor Zelenskii, por favor, responda a la pregunta! ¡Señor Zelenskii!». Pero Macron y Zelenskii ignoraron las preguntas y, como dos viejos amigos, entraron en el palacio. Aunque no se haya comentado demasiado, el hecho es que Macron había sido el primer líder extranjero que se reunió con Zelenskii, cuando todavía era candidato para la presidencia, entre la primera y la segunda vuelta de las elecciones. ¿Recuerdan aquella famosa foto de Volodymyr Zelenskii, Ruslán Ryaboshapka, Oleksandr Danylyuk e Iván Bakanov paseando

---

[27] Así se llaman los partidos de Yulia Timoshenko, Svyatoslav Vakarchuk e Ígor Shchedrin, respectivamente.

por la capital francesa y con un pie de foto que decía «Dream Team»? Volveremos a esa foto.

Vladímir Putin fue el último en llegar a la reunión. Como es habitual, el señor del Kremlin trató de no mostrar ninguna emoción mientras se bajaba torpemente de su Aurus-41231SB Senat L700 y, con un esfuerzo visible, cruzaba caminando el patio para acercarse a Macron. Tras estrecharle la mano, desapareció en el interior del palacio. La forma de llegar de los cuatro líderes fue muy ilustrativa. Quedó patente que el líder del país que está aterrorizando a Europa cojea, que está envejecido, y esa situación fue manifiesta al encontrarse junto a Macron y a Zelenskii, dos líderes jóvenes que desprenden ganas de vivir y que encarnan otra época, otra mentalidad.

Los esperaba una mesa de negociaciones de nueve horas y el debut de Zelenskii en una rueda de prensa como miembro de una cumbre europea. Huelga decir que, independientemente de los acuerdos que se alcanzaran en la negociación y de su trascendencia práctica, aquella reunión de los líderes de Alemania, Francia, Ucrania y Rusia después de una pausa de tres años ya era una victoria en sí misma. A puerta cerrada, Zelenskii se reunió con Putin, luego con Macron y, más tarde, con Merkel. Zelenskii no contó a los medios qué había visto en el fondo de los ojos de Putin, pero está claro que el líder ruso echó mano de su tradicional táctica de negociación, esa que tan buenos resultados le ha dado en su política internacional: chantaje, intimidación y un poco de palo y zanahoria.

En el *photocall* antes de las negociaciones se veía a Zelenskii muy nervioso. Al principio intentó sentarse en la silla de Putin, luego se giró para hablar con los periodistas y les mostró sin querer la documentación que contenía las tesis principales de Ucrania para la negociación. «Es el momento de que la prensa abandone la habitación para que podamos dar comienzo a nuestra negociación», le dijo el presidente ruso a Zelenskii. Y la ansiedad de este era evidente mientras levantaba su vaso de agua para darle un trago largo.

Después de las negociaciones a puerta cerrada, los líderes internacionales, «los cuatro de Normandía», dieron una rueda de prensa y emitieron un comunicado conjunto en el que se declaraba —una vez más— el alto el fuego en el Dombás, un intercambio general de prisioneros y la posterior retirada de las tropas en tres secciones a lo largo de la llamada «línea de contacto».

Al parecer, su encuentro cara a cara con Putin no impresionó demasiado a Zelenskii, pero los presidentes de Rusia y de Ucrania no expresaron una posición común sobre el futuro del Dombás ni se acordó la entrega a Ucrania de la sección de la frontera ruso-ucraniana que estaba bajo control de las autoproclamadas República Popular de Donetsk y República Popular de Luhansk (DNR y LNR). Putin fue implacable sobre el futuro de los territorios ocupados, que se debía decidir según lo pactado en los Acuerdos de Minsk, alcanzados justo un día después de las elecciones en los Territorios temporalmente ocupados de Ucrania (ORDLO).[28] Zelenskii no estaba de acuerdo con ese planteamiento y se quejaba de que los Acuerdos de Minsk habían sido firmados por su predecesor, Petró Poroshenko. Sin embargo, en el comunicado todas las partes expresaron su intención de determinar los aspectos legales del estatus especial y el Gobierno local en la ORDLO para detallar la Fórmula Steinmeier.

Muy pocos saben qué pasó en realidad detrás del escenario de la cumbre en París. Uno de ellos es el ministro del Interior, Arsén Avákov, que en numerosas entrevistas ha elogiado las cualidades negociadoras del presidente ucraniano, e incluso contó una anécdota a los periodistas. Según su versión de la historia, supuestamente Zelenskii le habría pedido a Serguéi Lavrov que por favor dejara de asentir con la cabeza todo el rato. Avákov ha relatado aquella reunión:

> Zelenskii habló en ruso durante casi toda la reunión y, al final, visiblemente molesto, se dirigió al ministro de Exteriores ruso: «Señor Lavrov, deje de asentir todo el rato con la cabeza, ¡es un gesto absolutamente innecesario! Sé cómo se apellida usted,

---

[28] Territorios temporalmente ocupados de Ucrania (ORDLO, por sus siglas en ucraniano: Okremi raiony Donetskoi ta Luhanskoi oblastei). Término administrativo en la legislación ucraniana designado para describir las partes del territorio ucraniano controladas por la Federación Rusa.

pero le recuerdo que fui yo quien recorrió a pie todos esos lugares a lo largo de la frontera… Así que no tiene por qué asentir todo el rato con la cabeza como si fuera el único aquí que lo sabe todo».

El ayudante de Putin, Vladislav Surkov, dijo que las palabras del ministro del Interior de Ucrania eran «los delirios de un borracho», y contó que Avákov se dedicaba a beberse los culines de vino que iban dejando los miembros de la cumbre de Normandía.

Entre los que sí conocían los detalles de lo ocurrido en la cumbre pero decidieron guardar silencio estaba Andrii Yermak. Normandía fue su primera victoria —pero no la última— como uno de los personajes importantes del equipo de Volodymyr Zelenskii. El entonces jefe de la Oficina del Presidente, Andrii Bohdan, solo podía disimular y fingir que no le afectaba el triunfo de Yermak. Durante la rueda de prensa de Zelenskii en París, Bohdan, justo detrás del presidente, cantó la canción *Holodno*, de Svyatoslav Vakarchuk,[29] y al acabar la ronda de preguntas dio las gracias a la prensa de una forma un tanto peculiar, pronunciando sílaba a sílaba la palabra ¡Dya-ku-ye-mo! ('¡Gracias!'), como si estuviera en una manifestación. Este comportamiento de Bohdan fue para Zelenskii especialmente irritante. Él opinaba que esas salidas de tono del jefe de su Oficina eran poco profesionales, y más aún en el contexto de la cumbre con Putin.

Apenas dos meses después de la cumbre de Normandía, Andrii Bohdan renunció a su cargo como jefe de la Oficina del Presidente y fue sustituido por Andrii Yermak, el negociador principal de Zelenskii con los rusos.

La siguiente reunión de los cuatro líderes que participaron en la cumbre de Normandía, prevista para marzo de 2020, tuvo que ser anulada por la pandemia del COVID-19. Desde entonces, todos los intentos de Zelenskii por sentarse a nego-

---

[29] Uno de los mayores éxitos de la banda Okean Elzi, liderada por Svyatoslav Vakarchuk. El título se puede traducir como «Hace mucho frío».

ciar con Putin en los siguientes dos años han sido infructuosos. En la primavera de 2021, el presidente ucraniano invitó a su homólogo ruso a reunirse en el Dombás, a lo que este respondió: «En Ucrania nos interesa el idioma ruso, la iglesia rusa y los ciudadanos de la Federación Rusa. El Dombás es un problema interno del Estado ucraniano».

Cinco meses después el subsecretario del Consejo de Seguridad de la Federación Rusa, Dmitri Medvédev, afirmó en un artículo en el diario ruso *Kommersant* que cualquier contacto con los líderes actuales de Ucrania era inútil y que Moscú prefiere esperar al cambio de gobierno en Kyiv para reestablecer las relaciones con el Estado ucraniano. Sin embargo, apenas cuatro meses más tarde —el 24 de febrero de 2022— empezó la invasión militar de Ucrania. Hoy Zelenskii todavía sigue dispuesto a reunirse con el presidente de Rusia, pero ahora ya no para mirarle a los ojos sino para tratar de detener la invasión de su país.

EL NOVATO DEL PATINETE

Hasta el día de hoy, Oleksii Honcharuk es el único primer ministro de la historia de Ucrania que se ha atrevido a entrar en patinete en el edificio del Gobierno. El incidente tuvo lugar el domingo 1 de septiembre de 2019, en vísperas del nuevo curso escolar, cuando el recién nombrado jefe de Gobierno decidió dar comienzo a su mandato de una manera fresca y juvenil. Polo, pantalones vaqueros, mocasines y patinete: la viva encarnación del fin de la era de los políticos de toda la vida, de esos trabajadores de cuello blanco, arrogantes y aburridos.

Montado en su patinete, Honcharuk recorría las salas y pasillos del edificio del Gabinete de Ministros grabando un vídeo con su *smartphone* en el que se dirigía así a los estudiantes:

En este edificio trabaja el Gobierno ucraniano y es aquí donde los ministros tomamos las decisiones más importantes para el país. Pero para que el país sea próspero, sus ciudadanos han de ser inteligentes, bien formados y libres de espíritu. Y, sin duda, ¡vosotros lo sois! Así que estudiad mucho y sacad buenas notas, que nosotros desde el Gobierno haremos todo lo posible para que tengáis las condiciones idóneas.

Aquel joven primer ministro solo estuvo al frente del Gobierno seis meses: Honcharuk dejó el equipo de Zelenskii repentinamente, de la misma manera en realidad en la que había entrado en él. Y tampoco durante esos pocos meses estuvo siempre de parte de su jefe. Sin ir más lejos, el 22 de abril de 2019, en una entrevista para el Proyecto Krym,[30] elogió a Petró Poroshenko y se mostró bastante escéptico sobre las perspectivas presidenciales de Zelenskii. En su conversación con el periodista Volodymyr Fedorin, dijo:

> Os puede gustar Poroshenko o no, pero no debemos olvidar que, durante su mandato, se lograron tapar algunos agujeros en nuestra economía. Y cuando se trata de un país en guerra, eso sin duda es todo un éxito… Pero se trata de mejoras muy débiles todavía y acabaremos perdiéndolas si la administración del nuevo presidente no establece reguladores económicos independientes… No sabemos quién es Zelenskii…, por eso, a mí me resulta increíblemente difícil posicionarme sobre su mandato… Si me explicas quién es, te diré lo que pienso de él.

Un mes después de esta entrevista, Honcharuk recibió una invitación de Andrii Bohdan para incorporarse al equipo de Zelenskii. A pesar de no tener clara su posición con respecto a él, aceptó sin pestañear el cargo de jefe adjunto de la Oficina del Presidente para asuntos económicos. Y a partir de ese momento se sumó al séquito del presidente en todos sus viajes, tanto por Ucrania como por el extranjero. Cuatro meses después, con solo treinta y cinco años, Honcharuk estaba a la cabeza del Gobierno como el primer ministro de Ucrania más joven de la historia.

Honcharuk se graduó por la Academia Interregional de Gestión de Personal, hizo un máster en la Academia Nacional de Administración Pública, y trabajó como abogado y asesor del ministro de Medio Ambiente, Ígor Shevchenko, y del primer viceprimer ministro, Stepan Kubiv. Dirigió la Oficina de Regulación Efectiva (BRDO, por sus siglas en inglés, Better

---

[30] Proyecto Krym (Krym.Realii) es un portal de noticias online centrado en información sobre Crimea y fundado en 2014. Es propiedad de Radio Free Europe, organización de radiodifusión financiada por el Gobierno de los Estados Unidos que transmite noticias, información y análisis a países de Europa del Este, Asia Central y Medio Oriente.

Regulation Delivery Office), creada con el apoyo financiero de la Unión Europea por Aivaras Abromavicius durante su participación en el Gobierno.[31] Honcharuk y su equipo se encargaban de emitir recomendaciones para que se llevara a cabo una regulación estatal más efectiva en varias áreas económicas, y eran promotores de la fundación Las Personas Importan. Varios miembros de la BRDO, Olena Shulyak, Oleksii Orzhel, Oleksandr Kubrakov y Vitalii Bezgin, entraron en la Rada como diputados, ya que iban en las listas del partido Servidor del Pueblo. Honcharuk, de hecho, ya se había presentado a las elecciones parlamentarias de 2014, como cabeza de lista del partido Poder Popular, pero solo obtuvo un 0,11 % de los votos.

Cuando lo nombraron primer ministro, Honcharuk se mostró radiante y confiado, aunque carecía de experiencia en gestion empresarial y tampoco había ocupado ningún puesto ejecutivo en ningún ministerio. Eso sí, era un teórico experto y siempre iba muy elegante, vestido con un traje de tres piezas o con una americana a la moda. Además, según el equipo del presidente, la falta de experiencia en realidad era una ventaja, no un inconveniente. Y el propio Volodymyr Zelenskii afirmaba en público, una y otra vez, que el joven primer ministro contaba con la total confianza del jefe del Estado.

A Honcharuk se le asignó el papel de maniquí. Él estaría en el escaparate como altavoz de las reformas emprendidas por el presidente Zelenskii. Sin embargo, Honcharuk no estaba satisfecho con la insignificancia de su papel. Él conocía el funcionamiento de la administración —al menos teóricamente—; tenía claras las reformas que debían llevarse a cabo para mejorar el país, y su ambición desbordaba el rol de un servidor insignificante en la corte del sexto presidente. Honcharuk era consciente de que los conocimientos de Zelenskii en economía y administración pública eran muy pobres, y tampoco confiaba en su capacidad de gobierno, pero —de cara a la galería y

[31] Ministro de Economía y Mercado (2014-2016).

por el momento— parecía dispuesto a seguir jugando a ser el guardaespaldas fiel del presidente.

Pero entre bastidores la relación entre ellos no era fluida. La mayoría de los habitantes del país se enteraron de este hecho el 15 de enero de 2020, cuando se filtró en Internet la grabación de una reunión entre el primer ministro, Oleksii Honcharuk, la ministra de Finanzas, Oksana Markarova, el presidente del Banco Nacional de Ucrania, Yakiv Smoliy, la vicepresidenta del Banco Nacional de Ucrania, Kateryna Rozhkova, y la jefa adjunta de la Oficina del Presidente, Yulia Kovaliv, que había tenido lugar justo un mes antes, el 16 de diciembre de 2019.

En esa conversación, Honcharuk admitía que, a fin de cuentas, él era un profano en economía, pero que Zelenskii tenía unas nociones más vagas incluso acerca de los procesos económicos. Llegó a afirmar que el presidente tenía «la mente nublada». Era una conversación privada, en petit comité y con la sola presencia de su equipo. Una conversación que Honcharuk jamás habría pensado que podría salir a la luz y en la que el primer ministro no dejaba en muy buen lugar a su jefe. Las preguntas de quién intentó enfrentar a Oleksii Honcharuk con Volodymir Zelenskii al filtrar las grabaciones en Internet, y por qué lo hizo aún permanecen sin respuesta.

Pasados dos días de la publicación de la grabación, Honcharuk seguía negando que le hubieran exigido que dimitiera. Al tercero, decidió presentar su renuncia, pero envió el escrito directamente al presidente Zelenskii, y no a la Rada Suprema, como exige el procedimiento legal. Con esta maniobra, con la que rendía pleitesía al creciente ego de Zelenskii, Honcharuk parecía estar suplicándole directamente al presidente: «Padre, solo tú puedes decidir si soy culpable o no». Esta brillante estrategia sacrificial fue todo un éxito: el jefe de Estado y el primer ministro se reunieron y dieron una conferencia de prensa en televisión sobre el crédito de la confianza con la que pretendían dar por zanjado el conflicto.

Pero, de facto, la publicación de estas conversaciones puso fin a la carrera política de Honcharuk. Zelenskii nunca pudo perdonarle aquello de que tenía «la cabeza nublada». Un mes y medio después de esa aparición conjunta en televisión, el primer ministro presentó su renuncia, que el presidente y el Parlamento aceptaron el 4 de marzo. El mismo día —curiosa coincidencia— otra participante en aquella desafortunada conversación, la ministra de Finanzas, Oksana Markarova, también fue depuesta de su cargo. Cuatro meses después, el 3 de julio de 2020, el Consejo del Banco Nacional de Ucrania destituyó a su presidente, Yakov Smoliy. El caso de Honcharuk es una demostración de que el presidente Zelenskii ni olvida ni perdona. Ni siquiera cuando los comentarios se producen *sotto voce* y contienen cierta verdad. La destitución de Honcharuk fue el principio del fin de aquellos mitos electorales de «las caras nuevas» y las reformas relámpago que prometían los «servidores del pueblo».

LA CAMPANITA DE MASLIAKOV

La carrera de Zelenskii en el mundo del espectáculo comenzó en KVN. El sexto presidente de Ucrania creció en el ambiente de ese concurso de televisión, sumamente popular primero en la URSS y luego en la televisión postsoviética. En 1994, los equipos de la Universidad Estatal de Medicina de Zaporizhzhia y Shpana[32] de Kryvyi Rig se unieron para participar en la Liga Superior de KVN en Moscú, bajo el nombre de Zaporizhzhia - Kryvyi Rig - Transit. Zelenskii fue invitado a participar primero como coreógrafo y, después, como guionista. Fue allí donde el futuro presidente de Ucrania conoció a los hermanos Shefir, Serhii y Borys, con los que trabó una fuerte amistad. Los tres juntos estaban llamados a conquistar el mundo del espectáculo moscovita, a levantar un imperio empresarial en Ucrania y finalmente a ganar las elecciones presidenciales de 2019.

Zelenskii había debutado como actor en el año 1997 en el festival KiViN[33] con una pequeña pieza humorística. Allí también había conocido a Andrii Yakovlev, futuro creador de Studio Kvartal 95 y guionista de las series de televisión *Svaty*[34] y *El*

---

[32] En ucraniano, 'Sinvergüenzas'.

[33] Festival anual de música y humor en el que participan los equipos de KVN y que se celebraba inicialmente en Moscú, luego en Jūrmala (de 1996 a 2014) y desde 2015 en Svetlogorsk, en la región de Kaliningrado.

[34] Término familiar que en ucraniano se puede traducir por «Familia política».

servidor del pueblo, que se convertirá además en su socio comercial en el futuro y en una figura clave del equipo de Gobierno.

La final de KVN en la que participaron Zaporizhzhia - Kryvyi Rig - Transit y Novye Armyane[35] que se celebró el 26 de diciembre de 1997 fue determinante para la vida de Zelenskii: allí cogió el impulso que necesitaba para lanzarse a crear Kvartal 95. Fue una final verdaderamente épica, con una competencia salvaje hasta el último minuto. Aunque Zaporizhzhya - Kryvyi Rig - Transit indiscutiblemente parecía el ganador, el jurado decidió otorgar un empate en la clasificación final, lo que supuso una decepción palpable para el equipo ucraniano. El espectáculo tuvo lugar en el Palacio de la Juventud de Moscú, y aquella noche se contó con un jurado estelar: Alexander Abdulov, Leonid Parfionov, Konstantin Ernst, Andrey Makarov, Serguéi Sholokhov, Serguéi Zhigunov, Iván Demidov y Julius Guzman.[36]

En los dos equipos menudeaban las futuras estrellas del espectáculo en el mundo postsoviético: Garik Martirosyan, Artash Sarkisian, Artur Dzhanibekyan, Volodymyr Zelenskii, Olena Malyashenko (Kravets), Denys Manzhosov y Yurii Krapov. Aunque el desenlace fue decepcionante, el equipo Zaporizhzhia - Kryvyi Rig - Transit fue recibido a su llegada a Ucrania por una horda de aficionados, con bufandas azules y amarillas y carteles que decían «Hasta el último *dzhigit*[37] sabe que esta noche ha ganado Transit» y «Transit campeón».

Un año después, Volodymyr Zelenskii tuvo la oportunidad de relatar en detalle aquella final, durante una de sus primeras entrevistas en el festival KVN de la ciudad rusa de Sochi:

Suponíamos que los armenios ganarían la votación del jurado, por eso queríamos ganarnos al público. Pero no nos lo pusieron nada fácil porque cada día Masliakov nos quitaba una ac-

---

[35] En ruso, 'Los Nuevos Armenios'.

[36] Artistas, representantes, músicos, directores y productores de mucho renombre en los países de la antigua URSS.

[37] En los idiomas del Cáucaso, 'hombre joven y valiente que sabe montar a caballo'; se emplea habitualmente para referirse a los armenios y georgianos.

tuación. Para una de las actuaciones trajimos una pantalla de metal que pesaba probablemente ochenta kilos, ¡era genial! Se trataba de una actuación de unos dos minutos, realmente divertida, pero la cancelaron en el último momento. Durante tres actuaciones consecutivas la dirección del programa cortó nuestras intervenciones. Y eso no fue todo: en la versión televisiva filmamos siete gags interconectados con una actuación musical, que tampoco entraron en el montaje final del programa. Pero a pesar de todas estas dificultades, creo que tuvimos muchísimo éxito en el bloque musical. Y la verdad es que no nos lo esperábamos. ¡El público nos recibió de maravilla!

Estaba claro que Zaporizhzhia - Kryvyi Rig - Transit sería el campeón del bloque musical de KVN. Antes de la última prueba, Novye Armyane iba solo un poco por detrás del equipo ucraniano: 15,99 frente a 16,49 puntos. El equipo de Zelenskii abrazaba casi ya la victoria y el concurso terminó con una ventaja obvia para los ucranianos. Sin embargo, el jurado estuvo reunido durante más de cuarenta minutos sin poder tomar una decisión, por lo que Masliakov pidió que no se puntuara la última prueba. Julius Guzman, director y presentador, expresó el parecer del jurado:

Voy a hablar en nombre de todo el jurado. En primer lugar quiero decir que estamos asombrados por la actuación de los dos equipos. A pesar de eso, lo cierto es que durante la mayor parte de la competición uno de los dos equipos era nuestro favorito. Pero conforme iba avanzando el programa, y gracias a su juventud, humor y optimismo, el otro equipo nos conquistó. Al reunirnos y comparar puntuaciones nos hemos dado cuenta de que la diferencia entre los dos equipos es de un solo punto. Una diferencia que puede ser accidental o incluso deberse a un error porque somos ocho personas aquí y la pura aritmética puede habernos llevado a cometer un error. Como no queremos que algo así llegue a ocurrir, pedimos a todos los espectadores que respalden nuestra decisión navideña: queremos felicitar a los dos equipos y brindar por dos equipos ganadores.

Alexander Masliakov, con el trofeo de campeones en la mano, fingió estar completamente confundido: «Independientemente de lo que pueda querer un equipo u otro, debemos ceñirnos al criterio del jurado. El trofeo se queda aquí e invito a los dos equipos a que se tomen la revancha el verano que viene y entonces determinaremos cuál es el ganador definitivo». El público recibió esta decisión con un murmullo de desaprobación, igual que los miembros de los dos equipos, que estaban muy descontentos. El verano de 1998 la revancha anunciada por Masliakov no tuvo lugar. En cambio, algunos antiguos jugadores del Transit —Zelenskii, Manzhosov, Krapov y Kravets— se presentaron al festival KiViN de Sochi con el nuevo Equipo KVN de Kryvyi Rig. Zelenskii explicó que la ciudad ucraniana tenía su propia liga de KVN, en la que competían unos veinte equipos. En una entrevista para KiViN, dijo:

> Hemos reunido a la *crème de la crème* de todos estos equipos, una o dos personas de cada uno, sus mejores talentos. Durante dos semanas nos dedicamos a crear un nuevo espectáculo, que hemos llevado a Sochi. En la presentación nos fue realmente muy bien. Quiero dejar claro que toda la operación fue honesta y transparente… Todos sabéis que nosotros solo somos un equipo humilde.

A Masliakov le gustó mucho el equipo ucraniano. Muchos años más tarde, cuando Zelenskii fue elegido presidente de Ucrania, Masliakov dijo que ya entonces vio en Volodymyr no solo a un actor con talento sino también a un gran productor, que había logrado unir tanto a la comunidad KVN como a distintos colaboradores en numerosos proyectos de diferente índole.

Como curiosidad, en una de las actuaciones del equipo de KVN de Kryvyi Rig en Sochi, el actor Yurii Krapov interpretó el papel de un presidente que intentaba dar un discurso pero acababa balbuceando, sin que se le entendiera nada en absoluto. Zelenskii dijo que lo que estaba ocurriendo en el escenario era «el disgusto del presidente hacia su pueblo»,[38] ¿Cómo se iba a imaginar aquel actor que un día él iba a ser el presidente que diera discursos navideños? En 1998, en Sochi, Zelenskii solo soñaba con participar en la Liga Superior de KVN con su nuevo equipo, que después de su debut en KiViN se cambió el nombre a Kvartal 95, en honor a uno de los barrios de Kryvyi Rig, su ciudad natal.

Poco tiempo después, el equipo de Volodymyr Zelenskii —aunque nunca llegó a ser campeón de la Liga Superior de KVN— se había consolidado como uno de los mejores equipos de la historia del proyecto de Alexander Masliakov. Dos veces los jugadores fueron premiados con un Kivin v Svetlom en el festival Golosyashchyi Kivin.[39] El equipo llegó tres veces a la final en la Liga Ucraniana de KVN, y en 2001 fueron proclamados campeones. Independientemente de las valoraciones del jurado o de su posición en el *ranking*, el equipo siempre hacía gala de una actitud ganadora —igual que sus rivales armenios en 1997— y Zelenskii desempeñó un papel fundamental en el cambio de mentalidad del equipo de ser un equipo de *amateurs* a un verdadero competidor en la Liga Superior de KVN.

A finales de los noventa, Kvartal 95 era prácticamente el único equipo ucraniano que seguía compitiendo en la Liga Superior de KVN. Sin embargo, no era fácil diferenciarlos del resto de equipos, mayoritariamente rusos, porque casi todos sus sus chistes trataban sobre el mundo político, cultural o artístico de Rusia: hacían parodias de Putin y Kirkorov, y bromeaban sobre Chubais y la selección rusa de fútbol. Sus actuaciones estaban orientadas al público ruso y a los ucranianos acostumbrados a ver los canales de televisión rusos.

En 2003, Zelenskii y su equipo decidieron dejar KVN para producir sus propios programas de entretenimiento. A finales del mismo año, y en colaboración con el canal de televisión

---

[38] En ruso, juego de palabras basado en la homofonía de *obrashchenie*, 'discurso', y *otvrashchenie*, 'disgusto'.

[39] 'Kivin de Blanco': el Kivin es la mascota del concurso, que representa un pájaro algo estrafalario, y el Kivin v Svetlom es el nombre del premio para los mejores jugadores de la competición.

ucraniano Studio 1+1 y el ruso STS, grabaron cinco conciertos que se retransmitirían a lo largo de 2004. Masliakov, por supuesto, se sintió ofendido con los miembros de Kvartal 95.

En una entrevista con el periodista Dmytró Gordon, que fue grabada en 2019 antes de las elecciones presidenciales, el propio Zelenskii explicó así la decisión de dejar el programa de Alexander Masliakov:

> Al final de nuestra carrera como Kvartal 95 recibí una oferta muy simple de KVN: quedarme yo como redactor y disolver mi equipo. Era todo un dilema y en realidad tampoco entendía bien a qué se referían. ¿Qué significaba disolver el equipo?, ¿que rompiera con mis amigos?, ¿Acaso eran mis esclavos? Así que rechacé el puesto y les comuniqué que pretendía seguir trabajando con mi equipo. Cuando llegamos a Kyiv y grabamos el primer *show*, me llamaron y tuve una serie de largas conversaciones con diferentes personalidades, gente muy influyente del mundo del entretenimiento. El Palacio de Octubre[40] nos cerró sus puertas. No digo que Masliakov moviera sus hilos para conseguirlo, no tengo pruebas, pero cuando nos atrevimos a filmar el espectáculo de Kvartal hubo solo una lectura: dejaste KVN porque querías ser independiente, aquí tienes tu anatema. En 2010 me reuní con Masliakov y él me dijo: «Sé que te has ganado el respeto de tus compañeros de profesión dentro de Ucrania, y quiero que sepas que me alegro de tu éxito».

Sea como fuere, está claro que si no hubiera sido por ese empate en la final de KVN de 1997 es poco probable que Kvartal 95 hubiese nacido. Si los ucranianos hubieran sido nombrados campeones de esa edición de KVN, posiblemente el destino de los miembros del equipo hubiese sido bastante diferente. Pero esa sensación de insatisfacción que les dejó la final del 97 motivó al equipo de Transit, con Zelenskii a la cabeza, a tratar de conquistar la cima de KVN. Eso sí, cuando la alcanzaron, ya solo les quedaba decirle adiós a Masliakov. Aunque el mérito del empre-

---

[40] Uno de los principales auditorios de Ucrania.

sario ruso es innegable. No solo fue en su momento el fundador de KVN en la televisión soviética, sino también, con el tiempo, el responsable último de la creación de una verdadera fábrica de estrellas de las televisiones ucraniana y rusa. La más brillante de las cuales hasta la fecha es, por supuesto, Volodymyr Zelenskii.

Después de la victoria de Zelenskii en las elecciones presidenciales, los periodistas le preguntaron a Masliakov que si estaba orgulloso de que uno de los concursantes de KVN se hubiera convertido en el presidente de Ucrania. El presidente de AmiK dijo entonces:[41]

> En KVN, a lo largo de toda su historia, han participado una multitud de jóvenes muy válidos. Y, por supuesto, muchos de ellos han desarrollado carreras profesionales brillantes: han hecho algo útil con su vida y se han hecho famosos por ello. Pero debo admitir que, hasta donde yo sé, ningún concursante de KVN había llegado a ser presidente. Por eso, no es tanto orgullo lo que siento, es *más bien curiosidad*.

Un año más tarde, en mayo de 2020, Masliakov dijo: «Como presidente no tiene tanto talento como el que tenía el concursante de KVN Vova Zelenskii».[42]

En una de las ediciones de KVN, el capitán de Kvartal 95 —es decir, Zelenskii— le pidió al presidente de AMiK con las siguientes palabras que cogiera la campanita con la que marcaba los tiempos en las competiciones: «Alexander Vasilievich, le ruego que tome esta campanita mágica y si algún día no le va bien o se encuentra en una situación desesperada, simplemente tóquela». «¡Y vendremos al rescate!», gritó alguien del equipo. «No, pero sabremos que Alexander Vasilievich se acuerda de nosotros», añadió Zelenskii. Seguramente hoy en día Masliakov sigue tocando la campanita, y seguramente cada vez que suene, se acordará de Zelenskii.

---

[41] AmiK: Alexander Masliakov i Kompaniya (en ruso Александр Масляков и компания) es una compañia de producción fundada en 1990 por Alexander Masliakov, principalmente dedicada a la producción del programa KVN y de otros programas de entretenimiento.

[42] Vova: diminutivo familiar y cercano de Vladímir en ruso o Volomydyr en ucraniano.

EL PADRINO RODNYIANSKII

Cuando aparecen las palabras Studio Kvartal 95, Zelenskii y éxito en una sola frase, el primer nombre que se nos viene a la cabeza es el del actual copropietario del canal televisivo 1+1, el oligarca ucraniano Ígor Kolomoyskii. Y no es justo porque la empresa de Volodymyr Zelenskii y sus socios nunca habría despegado sin Oleksandr Rodnyanskii, director, productor y en otro tiempo copropietario de la Plusy.[43] El verdadero creador de la empresa de entretenimiento más exitosa de la historia de Ucrania.

A finales de la década de 1990, el canal 1+1, entonces propiedad de Oleksander Rodnyanskii y de su primo Borys Fuksman, era uno de los canales de televisión con más éxito del país. En esa misma década se había fundado la Liga Superior Ucraniana de KVN. Alexander Masliakov era el presentador, el *show* se celebraba en el Palacio de Octubre, que alberga el Centro Internacional de Cultura y Arte de Kyiv, y su versión para televisión se emitía en la Plusy. La liga existió hasta 2013 y participaban equipos ucranianos, bielorrusos y rusos, y Kvartal 95 figuraba entre los participantes habituales hasta el 2003.

En los años 2000 y 2001, el ganador de la Liga Superior Ucraniana de KVN fue el equipo de Khmelnytski, Tres Gordos. Entre los miembros de ese equipo se encontraban las

---

[43] Así se conoce popularmente el canal 1+1.

populares estrellas televisivas ucranianas Oleksandr Pedan y Vadym Mychkovski, el actual presidente de la Rada Suprema de Ucrania, Ruslán Stefanchuk, el director artístico y actor de Diesel Show, Egor Krutogolov, el actor Andrii Molochnii o el *showman* y presentador Max Nelipa. Muchas de las estrellas más brillantes de la industria ucraniana del entretenimiento dieron sus primeros pasos en esa liga.

Pero volvamos a Kvartal 95. A finales de 2003, el equipo de Zelenskii decidió iniciar un proyecto independiente y grabó su primer programa, ¡Oh! P'yat' 95,[44] en el mismo Palacio de Octubre. El *show* se programó para ser emitido con motivo del quinto aniversario de Kvartal 95. Lo produjeron dos canales de televisión, 1+1 en Ucrania y STS en Rusia. Oleksandr Rodnyanskii era el director de los canales que proyectaban el show en ese momento.

EL formato de ¡Oh! P'yat' 95 era muy similar al de KVN, con elementos procedentes de la *kapustnik*.[45] La escenografía era muy modesta, con anuncios por todas partes de la marca de vodka 5 Gotas, que patrocinaba el evento, y los artistas repitiendo en el escenario los nombres de otros patrocinadores del proyecto y dando constantemente las gracias al entonces presidente de Ucrania, Leonid Kuchma. El espectáculo contaba no solo con los actores de Kvartal 95 sino también con actores invitados, entre ellos Serhii Syvokho, Víktor Andrienko y Volodymyr Goryanskii. Oleksander Rodnyanskii, emocionado, también subió al escenario a dar un pequeño discurso:

Hace cinco años subió a este hermoso escenario el equipo de la Liga Ucraniana de KVN Kryvyi Rig Kvartal 95, y en la primera temporada pudimos disfrutar de la interpretación y el humor de Volodya Zelenskii, Lena, Yura, Sasha y Yuzik. Todas estas personas maravillosas consiguieron derrotar a sus oponentes ronda tras ronda para finalmente perder la final de la competición

[44] En ucraniano, juego de palabras que quiere decir 'Otra vez 95'.

[45] *Kapustnik:* formato teatral cómico, propio del teatro *amateur*. Generalmente está destinado a un pequeño público, próximo a los artistas. Suele contener diferentes números humorísticos y musicales.

de manera desastrosa. Y, ¿sabéis?, estoy muy contento de que ocurriera porque volvió a suceder al año siguiente. Y ¿por qué me pone contento? Porque las dos veces estaba sentado aquí, en la primera fila, y pude ver cómo se le saltaban las lágrimas de los ojos a todos los miembros del equipo que estaban en el escenario. ¡Eran lágrimas reales! Entonces me di cuenta de que esto no era solo un juego para ellos. Igual que lo he sentido hoy, al asistir a este espectáculo. No sé lo que será de este proyecto en el futuro, si se convertirá en un espectáculo teatral o en un programa de televisión, pero con ellos este proyecto puede ser cualquier cosa. ¡Pueden hacer de todo! ¡Feliz aniversario! ¡Les deseo todo lo mejor en esta vida!

Por supuesto, en ese momento, Oleksandr Rodnyanskii no sabía que algunos de los *shows* de más éxito de 1+1 acabarían pasándose a Inter, la cadena rival, ni que Volodymyr Zelenskii se convertiría en su competidor al ser nombrado productor ejecutivo de ese canal. Tampoco podía imaginar que, con su propio espectáculo televisivo, Studio Kvartal 95 crecería como la espuma tanto en Ucrania como en el extranjero, ni que el equipo de Zelenskii actuaría no solo sobre ese escenario sino también como artistas invitados en eventos corporativos de todo tipo o, sin ir más lejos, en la celebración del Día del Periodista que en 2006 organizó el equipo del presidente Víktor Yushchenko en el palacio Mariinski. Es imposible que Rodnyanskii supiera que, al cabo de unos siete años, él y su socio Borys Fuksman se verían obligados a vender sus acciones del canal al oligarca Ígor Kolomoyskii y que el equipo de Zelenskii volvería a 1+1 con *Kvartal del atardecer*. Rodnyanskii ni por asomo podría haber predicho que Volodymyr Zelenskii se convertiría en presidente de Ucrania, ni que su propio hijo sería nombrado asesor económico jefe del Gabinete de Ministros de Ucrania.

Hay que admitir que Rodnyanskii siempre tuvo un olfato único para detectar los proyectos con proyección de futuro. Sin duda, la salida de Kvartal 95 de la KVN enfrentó a Zelenskii y los suyos con Alexander Masliakov, pero también les abrió la puerta del éxito en el mundo del entretenimiento ucraniano, y les permitió hacer sus primeros contactos políticos. Hoy un éxito semejante sería simplemente imposible.

En septiembre de 2019, tras la victoria de Zelenskii en las elecciones presidenciales, Oleksander Rodnyanskii describió al actual jefe de Estado en una intervención en el programa de radio *Perros locos* como a «una persona extremadamente dotada que es capaz de trabajar en equipo y lograr de forma rápida y astuta soluciones de calidad». También aseguró que Zelenskii se había convertido en el líder «de un equipo de gente bastante talentosa».

Le esperan días, meses y años terribles. Francamente, no envidio su posición. Todas las protestas y la animadversión que crecen cada día. Estoy convencido de esto es solo el principio. Volodymyr deberá enfrentarse a una tremenda oposición, probablemente sea insultado y humillado en público. No tengo dudas de que todo esto está por llegar.

Así predijo el futuro de Zelenskii en 2019. ¿Será que Rodnyanskii nunca se equivoca?

ESCÁNDALO EN JŪRMALA

En julio de 2016 se celebró en Jūrmala, Letonia, Made in Ukraine, el primer festival de música y humor organizado por Volodymyr Zelenskii y Kvartal 95, en colaboración con las estrellas ucranianas Tina Karol, Jamala, Olga Polyakova, Ruslána, Potap, Vremya y Steklo que ofrecieron al público en la ciudad turística letona un espectáculo de cuatro días. Pero Zelenskii iba a recordar en lo sucesivo este festival no solo por la cálida acogida del público, sino por el escándalo que protagonizó su productora. En una parodia del presidente Poroshenko, Zelenskii comparó a Ucrania con una actriz porno. Sus bromas de mal gusto sobre los créditos internacionales que había necesitado solicitar el país terminaron con esta frase: «Ucrania parece una actriz de una película alemana para adultos porque siempre está lista para aceptar cualquier cantidad de cualquier lado». Se escucharon risas entre el público, pero parecían más bien risas nerviosas, ese tipo de risa con la que la gente oculta la vergüenza ajena que siente al presenciar una situación totalmente fuera de lugar, como cuando un artista se burla con sumo desprecio de su propia patria. Zelenskii parecía ser el único que no se sentía incómodo con lo ocurrido.

En Ucrania el escándalo estalló dos meses después. Quizá nadie se habría dado cuenta de lo que había pasado en Jūrmala si no viviéramos en la era digital y las grabaciones de todo tipo de eventos no se compartieran en redes sociales. Los ucranianos estaban indignados. «Payaso asqueroso», «deshonra y humillación», «tremenda vergüenza» y «putillas baratas» fueron algunos de los epítetos dedicados a Studio Kvartal 95 y a su líder. El público ucraniano le recordó a Zelenskii «las porras de policarbonato» con los que había bromeado durante el Euromaidán en 2014,[46] los estrenos de las películas de Kvartal 95 en Rusia y la partida del presupuesto estatal de la Federación Rusa que les había sido asignada.

Vitalii Portnikov, un publicista ucraniano de reconocido prestigio, calificó el moderno «sentido del humor» de Zelenskii como de escasa calidad, insípido, mezquino y limitado. «Aquellos a quienes divierten las vulgaridades han de comprender que la vulgaridad no tiene y no puede tener ni valores ni límites morales. Es asombroso que el pueblo que trajo al mundo a escritores como Gogol, el pueblo en cuya tierra nacieron los mejores humoristas del siglo xx, tales como Shalom Aleichem, Ostap Vyshnya, Berezin, Tymoshenko, Zhvanetski, Ilchenko o Kartsev, haya parido también a Zelenskii», resumió Portnikov.

Volodymyr Zelenskii se vio obligado a dar una respuesta y lo hizo a través de una publicación en su página de Facebook. Exaltado, afirmó que la broma que había causado la turbulenta discusión tenía solo un sentido literal:

> Solo pido algo muy simple: basta de pedir créditos internacionales por los que tendrán que responder no solo nuestros hijos sino también nuestros nietos y todos aquellos que vivan después de nosotros. Somos una nación orgullosa, no mendigos. Eso es todo. No significa nada más. Fue una broma sobre las acciones de nuestros líderes y nuestras autoridades, no sobre el carácter de mis compatriotas ni la naturaleza de nuestro páis. Dejémonos de arqueología cultural, basta de buscar en las bromas de Kvartal 95 algo que nunca existió. Amamos a nuestro país y en cada programa, cada segundo de nuestra existencia, luchamos por su libertad y por la libertad de expresión. Las cosas no son sencillas en este país, así que, por favor, dejemos de prestar

---

[46] Ver capítulo «Porras de policarbonato».

atención a la mierda que publican algunos personajes de poca monta, ya que ni me atrevo a llamarles personas. Estamos por encima de eso. Estáis por encima de eso. No dejéis que os engañen, no os traguéis esas mentiras. El que nos llama bastardos se está calificando a sí mismo. Solo quiere llamar la atención, únicamente una persona muy superficial, sin criterio propio, un mero títere, nos llamaría «putillas baratas». ¡Somos Kvartal 95! ¡Somos patriotas! Y ellos ¿quiénes son? A nosotros nos conocéis desde hace veinte años. Eso tiene que valer para algo, ¿no?

Después del escándalo en Jūrmala, Kvartal 95 retiró sus solicitudes de estrenos de la Agencia Estatal de Cine de Ucrania, por un importe total de cincuenta millones de grivnas. Con ese presupuesto, Zelenskii iba a rodar el largometraje de *El servidor del pueblo* y una película de animación titulada *El retorno de Gulliver*, pero los proyectos se paralizaron, sin más. Por otra parte, en septiembre de 2016 se hizo público que la película *Las ocho mejores citas* había sido una coproducción entre Ucrania y Rusia, algo que Studio Kvartal 95 ocultó en el momento de su estreno.[47]

Sea como fuere, el escándalo en Jūrmala demostró que todo aquello que decían y hacían los miembros de Studio Kvartal 95 —en especial su líder— tenía eco en la sociedad y en la política ucraniana. Quién sabe…, tal vez este episodio fue la gota que colmó el vaso, lo que empujó a Zelenskii a presentarse a las elecciones presidenciales. Porque lo que sí está claro es que el escenario se le quedaba cada vez más pequeño a Kvartal 95 y que sus proyectos afectaban no solo a miles de telespectadores, sino a millones de ucranianos.

---

[47] Las leyes de lustración prohíben a las empresas ucranianas colocar su producción en el mercado ruso o colaborar con un país agresor.

LA FAMILIA KVARTAL 95

«¡No a la familia ni a los amigos en el poder!». Esta era la consigna con la que Volodymyr Zelenskii se presentó a las elecciones presidenciales de 2019. Durante toda la campaña electoral sostuvo que el probado nepotismo del equipo de gobierno de Poroshenko era una vergüenza. El quinto presidente de Ucrania pagó muy caro tener en su equipo a su mejor amigo de los tiempos del servicio militar, Ígor Kononenko, o a su antiguo socio comercial, Oleg Hladkovskii. El hecho de que amigos íntimos suyos ocuparan cargos importantes minó su credibilidad durante toda la campaña electoral, ya que no podía defenderse de las acusaciones de nepotismo de que le lanzaban sus oponentes.

A su vez, Zelenskii juró y perjuró que si llegaba al poder ningún familiar ni amigo suyo ocuparía nunca un cargo importante en el Estado. Prometió que desplegaría una política transparente de nombramiento de cargos, según la teoría del «ascensor social», y que solo los profesionales más formados ocuparían cargos en sus ministerios.

En 2017, cuando Zelenskii aún era director artístico de Kvartal 95, criticó duramente al Servicio de Seguridad de Ucrania por haber prohibido la serie *Svaty* en las cadenas de televisión ucranianas. «Si a alguien no le gusta la palabra *svaty*, la cambiamos por *kumy*.[48] Creemos que es importante luchar contra el ne-

---

[48] En ucraniano, 'compadre', un término mucho más arraigado que *svaty* en la tradición del país.

potismo dentro de nuestras comunidades. Ya tendremos tiempo después de combatir a *nuestra familia política*», dijo Zelenskii en una entrevista.

En abril de 2019, en su condición de candidato presidencial, Zelenskii les dijo a los periodistas del programa *Esquemas:* «No se preocupen. ¡El nepotismo se ha terminado!». Pero no cumplió su promesa.

Un mes más tarde de su victoria en las elecciones presidenciales, Zelenskii nombró jefe adjunto del Servicio de Seguridad de Ucrania —y más tarde jefe supremo— a su amigo de la infancia y socio comercial Iván Bakanov. A su vez, casi todos los miembros del taller creativo de Kvartal 95 ocuparán cargos en la Oficina del Presidente y en el Parlamento. Lo mismo que sus compadres Andrii Yermak, nombrado jefe de la Oficina del Presidente, y Mykola Tyshchenko, con un cargo en el partido Servidor del Pueblo.

El exfiscal general de Ucrania, Ruslán Ryaboshapka, me contó la discusión que tuvo con Volodymyr Zelenskii cuando este quiso nombrar primer fiscal adjunto al abogado de Kvartal 95, Serhii Ionushys.

> Fue una conversación muy difícil, pero la realidad es que Ionushys nunca llegó a ser mi subordinado. Muchas personas cercanas al presidente trataban de colocar a su gente en altos cargos dentro de los órganos centrales o regionales de la Fiscalía General del Estado, aunque no siempre tuvieron éxito. Le doraban la píldora y le contaban todo lo podrían llevar a cabo desde la Fiscalía General. Esa corte de aduladores hizo que el presidente tuviera una visión distorsionada de nuestras funciones y cambió su opinión acerca de la estructura y la finalidad de la Fiscalía, de lo que hacemos aquí y de lo que está pasando en el Estado.

Repasemos ahora los cargos que ocupó en el aparato político-administrativo del Estado la familia Zelenskii después de las elecciones:

- Volodymyr Zelenskii fue director artístico de Kvartal 95; actualmente es presidente de Ucrania en funciones.

- Iván Bakanov, amigo de infancia del presidente y socio fundador de Kvartal 95; en la actualidad es jefe del Servicio de Seguridad de Ucrania.

- Serhii Shefir, amigo íntimo y socio comercial de Kvartal 95; ahora, primer ayudante del presidente de Ucrania.

- Iryna Borzova, hija de Naum Borulya, antiguo socia de Zelenskii en la Liga de la Risa; hoy, diputada del Parlamento de Ucrania por la lista nacional del partido Servidor del Pueblo.[49]

- Serhii Borzov, marido de Iryna Borzova, exjefe del Departamento de Asuntos del Estado; en la actualidad, miembro de la Delegación de Gobierno en la región de Vinnytsia.

- Vladislav Bukharev, amigo de toda la vida de Zelenskii, exjefe del Servicio de Inteligencia Exterior de Ucrania y exjefe adjunto del Servicio de Seguridad de Ucrania; en la actualidad, consejero del ministro del Interior.

- Volodymyr Voronov fue colaborador del proyecto Kvartal-Concert; en la actualidad, es diputado del Parlamento de Ucrania por la lista nacional del partido Servidor del Pueblo.

- Oleksandr Gogilashvili, buen amigo de Zelenskii, fue viceministro del Ministerio de Interior.

- Roman Hryshchuk fue director del estudio humorístico Mamajojotala; en la actualidad, es diputado del Parlamento de Ucrania por la lista nacional del partido Servidor del Pueblo.

- Oleksandr Zavitnevych, marido de Natalia Zavitnevych, amiga y compañera de pupitre de Zelenskii; actualmente, es diputado del Parlamento de Ucrania por la lista nacional del partido Servidor del Pueblo y presidente del Comité de Seguridad Nacional, Defensa e Inteligencia de la Rada Suprema.

- Andrii Yermak fue abogado de Kvartal 95; actualmente es jefe de la Oficina del Presidente.

[49] (En ucraniano Ліга сміху, romanizado Liga Smesha). La Liga de la Risa es un programa humorístico de televisión donde participan equipos de comediantes en atuaciones cómicas. Está producido por Studio Kvartal 95, se emite en la cadena 1+1. Además de la temporada televisiva (el campeonato principal), Ucrania alberga ligas regionales oficiales, ligas estudiantiles e incluso escolares, y desde 2018 se han inaugurado ediciones internacionales en países como Israel y Azerbaiyán.

- Oleksandr Kabanov fue guionista de Kvartal 95; en la actualidad es diputado del Parlamento de Ucrania por la lista nacional del partido Servidor del Pueblo.

- Oleksandr Kachura fue abogado de Kvartal 95; hoy es diputado del Parlamento de Ucrania por la lista nacional del partido Servidor del Pueblo.

- Volodymyr Kiyashko, padre de Olena Zelenska y suegro de Zelenskii, dirigió Kryvorizhmonolitbud, S. L. y Technoimpulse S. L.;[50] actualmente es asistente pro bono del diputado del Parlamento de Ucrania Oleg Bondarenko.

- Yurii Koryavchenkov fue actor y director administrativo de Kvartal 95; en la actualidad es diputado del Parlamento de Ucrania por la lista nacional del partido Servidor del Pueblo.

- Yurii Kostyuk fue productor creativo y guionista de Kvartal 95; hoy, jefe adjunto de la Oficina del Presidente.

- Ígor Kryvosheev fue presentador y participante de la Liga de la Risa; en la actualidad es diputado del Parlamento de Ucrania por la lista nacional del partido Servidor del Pueblo.

- Oleksandr Pashkov, marido de la directora del departamento de contabilidad de Kvartal 95, es actualmente director del Departamento de Inteligencia Estratégica del Ministerio de Defensa.

- Iryna Pobedonostseva fue directora del departamento de crecimiento de Kvartal 95; en la actualidad, consultora adjunta de la Dirección de Políticas de Información de la Oficina del Presidente.

- Olga Rudenko fue empleada del servicio de prensa de Kvartal 95; actualmente, diputada del Parlamento de Ucrania por la lista nacional del partido Servidor del Pueblo.

- Tetiana Rudenko fue jefa del servicio de prensa de Kvartal 95; en la actualidad es miembro del Consejo Nacional de Radio y Televisión.

- Serhii Syvokho fue productor creativo de Kvartal 95; después, asesor del secretario del Consejo Nacional de Seguridad y Defensa.

---

[50] Empresas a las que se asignaban licitaciones estatales.

- Oleksandr Skichko fue actor y presentador de programas de televisión; en la actualidad, miembro de la Delegación del Gobierno en la región de Cherkasy.

- Valerii Sterniychuk fue director de la Liga de la Risa de los estudiantes de la región de Volyn; en la actualidad es diputado del Parlamento de Ucrania por la lista nacional del partido Servidor del Pueblo.

- Ruslán Stefanchuk, amigo de Volodymyr Zelensky de los tiempos de KVN, miembro del equipo Tres Gordos; en la actualidad, presidente del Parlamento.

- Mykola Stefanchuk, hermano de Ruslán Stefanchuk; actualmente es diputado del Parlamento de Ucrania por la lista nacional del partido Servidor del Pueblo.

- Mykola Tyshchenko, padrino de los hijos del Andrii Yermak y amigo de Zelenskii; hoy, diputado del Parlamento de Ucrania por la lista nacional del partido Servidor del Pueblo.

- Maksym Tkachenko fue director ejecutivo de Kvartal-Concert; en la actualidad es diputado del Parlamento de Ucrania por la lista nacional del partido Servidor del Pueblo y asesor del secretario del Consejo Nacional de Seguridad y Defensa.

- Olena Khomenko fue directora de gestión y productos digitales de Kvartal 95; ahora, diputada del Parlamento de Ucrania por la lista nacional del partido Servidor del Pueblo.

El presidente Zelenskii obtuvo un voto de confianza sin precedentes por parte del pueblo ucraniano, es cierto. Como también que es libre de decidir con quién trabaja y con quién no. De acuerdo, pero semejante proliferación de amigos y familiares... ¿Dónde quedó aquella promesa de erradicar el nepotismo? ¿Cómo entender ahora la crítica devastadora a sus predecesores durante la campaña electoral? Mientras Zelenskii concentre en sus manos el poder absoluto del país, estas no podrán dejar de ser preguntas retóricas sin respuesta posible. Familia, amigos, socios, conocidos... Sin duda, el camino de Zelenskii se parece mucho al de sus predecesores, con todos los riesgos y las consecuencias que estas prácticas pueden llegar a tener en la Ucrania moderna.

LA PRUEBA DE KADÍROV

El 6 de octubre de 2014, en uno de sus programas para la televisión, *Pure NEWS*, Volodymyr Zelenskii le gastó una broma pesada al presidente de Chechenia, Ramzán Kadírov: emitió un vídeo en el que Ramzan aparecía llorando mientras el narrador relacionaba su llanto con la demolición del monumento a Lenin en Kharkiv.

«Han demolido el monumento de Lenin. Llevo en esta tierra más de ochenta años y nunca he visto nada parecido. ¡Malditos fascistas *banderivtsy*!»,[51] decía una voz en *off* mientras el telespectador veía a Kadírov secándose las lágrimas. Para ese montaje, Kvartal 95 combinó las imágenes del líder checheno llorando con la grabación de la voz de un jubilado al que habían grabado quejándose amargamente por la demolición del monumento.

Pero ese chiste de diecinueve segundos en *Pure NEWS* le salió muy caro a Zelensky. Cuando se publicó el vídeo, los soldados de Kadírov exigieron que desde Kvartal 95 se pidieran inmediatamente disculpas, ya que el vídeo se había grabado durante una oración en memoria del padre del presidente de Chechenia, que acababa de fallecer. Un diputado de la

---

[51] *Banderivtsy*: apelativo desdeñoso usado por los medios rusos para referirse a los ucranianos. Fue creado a partir del apellido del líder del ejército anticomunista ucraniano y de la Organización de Nacionalistas de Ucrania, Stepán Bandera, asesinado por agentes soviéticos en Alemania en 1959.

Duma,[52] Shasmail Saraliev, aconsejó a Zelenskii que se preparase para «ser enterrado».

El 9 de octubre Zelenskii se disculpó públicamente por esa broma desafortunada, pero no ante Kadírov, sino ante el mundo musulmán en general. Al menos eso es lo que dijo él en un primer momento:

> Sinceramente, no tenía ni idea de que el vídeo tuviera algo que ver con un funeral. Independientemente del apellido del político —da igual que sea Kadírov, Putin o Poroshenko—, con estas cosas simplemente no se puede bromear. Si el vídeo está relacionado con un funeral os pido disculpas. Si al final resulta que no era un funeral sino cualquier otra ceremonia musulmana, también pido disculpas a todos los que hayan podido sentirse ofendidos, y en general a todos los musulmanes, no me reiría de los ritos sagrados de nadie.

Aunque no se había disculpado personalmente con Ramzán Kadírov, según fuentes no oficiales Zelenskii intentó resolver el conflicto con el líder de Chechenia apelando a la ayuda del Ministerio del Interior de Ucrania. En un momento dado, pareció que el malentendido se había resuelto gracias a la intervención de agentes de inteligencia ucranianos y chechenos. Se rumorea que se acordó que Zelenskii viajaría con Yurii Yerynyak a Chechenia para reunirse con Kadírov.[53] Pero el director de Kvartal 95 nunca viajó a Grozni y Yerynyak tuvo que disculparse ante los soldados de Kadírov en nombre de Zelenskii.

Por una extraña coincidencia, en diciembre de ese mismo año el vehículo de Zelenskii, que estaba aparcado cerca del Palacio Ucrania, fue incendiado con un cóctel molotov. El líder de Kvartal 95 no hizo declaraciones sobre aquel incidente, pero Olena, su esposa, afirmó ante la prensa que se habían cumplido las amenazas que habían recibido por parte de los

---

[52] Parlamento ruso.

[53] Yurii Yernynyak es un supuesto *avtoritet* originario de Crimea. Un *avtoritet* es el líder de un clan o el encargado de un área de influencia del mundo criminal. Está fuertemente relacionado con la estructura del submundo criminal surgido en la URSS. Actualmente Yernynyak es consejero de Zelenskii.

simpatizantes de Ramzán Kadírov, lo que les había obligado a contratar seguridad privada. «Hasta hoy no hemos podido saber si fue una amenaza real o si las agencias de seguridad exageraron para meternos miedo, pero el caso es que nos repetían constantemente que los guerrilleros chechenos habían venido a Kyiv a por nosotros», dijo la primera dama en una entrevista con *The Daily Beast* en mayo de 2019.

En diciembre de 2014, Ramzán Kadírov intentó iniciar una causa penal contra tres diputados de la Rada Suprema de Ucrania (Yurii Bereza, Ígor Mosiychuk y Andrii Levus) por sus comentarios sobre los acontecimientos que tuvieron lugar en Grozni el 5 de diciembre de 2014, cuando soldados de Ichkeria[54] aniquilaron a unos setenta policías y soldados de Kadírov en una noche. Kadírov ordenó su detención, junto con la del comandante militar Isa Munaev,[55] y su traslado a Chechenia. El Departamento de Investigación del Ministerio del Interior de Ucrania ha incoado una causa penal por las amenazas que los diputados ucranianos recibieron del presidente de Chechenia.

Pero la historia de Zelenskii y Kadírov no se acaba aquí. En diciembre de 2018, el periodista Dmytró Gordon le recordó a Zelenskii este incidente en una entrevista que se grabó una semana antes de que anunciase su intención de presentarse a las elecciones presidenciales. Zelenskii contó así su nueva versión de lo que había sucedido en 2014:

> Se ve que en *Pure NEWS* había un vídeo que yo no conocía... Yo no era el director del programa. Bueno, en realidad ni siquiera era un vídeo, más bien unos cortes de humor muy breves sobre el líder checheno, pero en un momento aparecía Ramzán Kadírov llorando. Un tiempo después recibí una llamada en la que me preguntaban mi opinión sobre el tema, qué respuesta pensaba yo que podría recibir ese vídeo por parte del mundo musulmán. Yo no sabía exac-

[54] La Republica Chechena de Ichkeria (1993-2000) fue un Estado independiente no reconocido dentro del territorio de Chechenia. Tras el final de la Segunda Guerra Chechena, parte del Gobierno de Ichkeria se estableció en el exilio.

[55] Comandante militar checheno que luchó por la independencia de la República Chechena de Ichkeria. Murió en combate, el 1 de febrero de 2015, defendiendo la ciudad de Debáltseve (Ucrania) de un ataque ruso.

tamente de qué se trababa, pero dije que lo revisaríamos porque los chistes sobre asuntos religiosos son un tema muy delicado.

El 19 de julio de 2020, Kadírov publicó en Telegram la respuesta de Zelenskii y exigió una nueva disculpa:

> Conocí a Zelenskii y me pareció un hombre honesto que admitió su culpa y tuvo el valor de pedir perdón. Era el comportamiento de un hombre digno. Pero ¿por qué ahora intenta retractarse de lo que dijo, después de que todo el mundo aceptara sus disculpas? Casi parece que quiere darle la vuelta al asunto, aparecer como el ganador de este conflicto.
>
> Desde que fue elegido presidente de Ucrania, no hace más que inventarse nuevas versiones. Lo que debería hacer es ser sincero y disculparse conmigo. Si no, tendrá que responder ante mí personalmente, pero no como cabeza de la República de Chechenia, sino como hijo del primer presidente de la República Chechena, el héroe de Rusia Akhmat-Haji Kadírov, cuya memoria ofendió.

Además, Kadírov aprovechó la ocasión para preguntarle a Zelenskii por qué no había llamado a Putin para pedirle que terminara con «la guerra civil en el este de Ucrania».

La Oficina del Presidente de Ucrania, en respuesta a las declaraciones de Kadírov, simplemente apuntó que no tenía sentido comentar las declaraciones personales del líder checheno. El 14 de febrero de 2022, Kadírov volvió a dirigirse públicamente a Volodymyr Zelenskii y le instó a cumplir los Acuerdos de Minsk para evitar la guerra con Rusia. También le instó a que cediera la presidencia a Víktor Yanukovych, que en febrero de 2014 había huido a Rusia.

Zelenskii, como hace habitualmente, ignoró el mensaje de Kadírov.

Tras el inicio del conflicto en 2022, los servicios de inteligencia ucranianos declararon que un contigente de fuerzas checheno, que estaban pergeñando un atentado contra la vida de Zelenskii a las órdenes de Kadírov, había sido eliminado a las afueras de Kyiv.

PORRAS DE POLICARBONATO

En el invierno de 2013 a 2014, uno de los principales objetivos de las burlas de Kvartal 95 era la Revolución de la Dignidad, también conocida como Euromaidán. En la emisión del programa de Año Nuevo, el entonces presidente de Ucrania Víktor Yanukovych, el primer ministro Mykola Azarov, los líderes de la oposición y hasta los manifestantes fueron parodiados por el equipo de Zelenskii. Los miembros de Kvartal 95 estaban convencidos de que, como ellos, la mayoría del país no apoyaba ese ejercicio de democracia directa callejera. Si hubieran tenido otra opinión jamás se les habría ocurrido hacer la pésima broma de «las porras de policarbonato». Mientras los manifestantes eran agredidos, golpeados e incluso asesinados por las fuerzas de seguridad en el centro de la capital ucraniana, los actores Yevhen Koshovii y Oleksandr Pikalov —interpretando al exalcalde de Kyiv Leonid Chernovetsky y al expresidente Víktor Yanukovych— mantenían el siguiente diálogo en la tele: «Víktor Fedorovich, tengo una pregunta sobre las leyes básicas de la física. Si armamos a los agentes del Bérkut[56] con porras de policarbonato y nos ase-

---

[56] Unidad antidisturbios de la policía ucraniana, sucesora del OMÓN soviético. El Bérkut fue acusado de la muerte de casi cien civiles durante sus acciones para sofocar las manifestaciones de la Revolución de la Dignidad. En 2014, el ministro de Interior Arsén Avákov firmó un decreto que disolvió a la agencia. En marzo de 2014, las unidades prorrusas de la Bérkut estacionadas en la región de Crimea pasaron a depender del Ministerio de Asuntos Interiores de la Federación Rusa. Desde el 5 de abril de 2016 forman parte de la Guardia Nacional Rusa.

guramos de que los manifestantes lleven ropa de lana, ¿crees que es posible que generemos electricidad?».

La oposición recuerda constantemente esta broma de mal gusto, y con razón. Tanto en 2004 como en 2014, Volodymyr Zelenskii y su equipo se mantuvieron alejados de las reivindicaciones populares sobre la identidad, la cultura y la lengua ucranianas, y en sus programas no se hacía referencia a las reivindicaciones populares sobre el derecho de los ucranianos a deshacerse de la decrépita herencia soviética (identificada a menudo con la influencia rusa en el país). La mayoría de los artistas de Kvartal 95 provenían de la región de habla rusa de Kryvyi Rig o de otras ciudades rusófilas del este de Ucrania. Las estrellas del equipo habían empezado sus carreras artísticas en Moscú, así que los problemas y las reivindicaciones relacionadas con la protección del idioma, la identidad cultural o la religión ucranianas simplemente no les interesaban.[57] El equipo de Kvartal 95, con su lema «no es nada personal, son solo negocios», había demostrado tener una envidiable habilidad para encontrar su sitio bajo el sol independientemente de quién estuviera en el poder…, ya fuera Kuchma, Yushchenko o Yanukovych.

En la primavera de 2014, cuando Rusia ya se había anexionado Crimea y los agentes del Kremlin organizaban mítines prorrusos en el este de Ucrania, Kvartal 95 estaba de gira por el Dombás. Y aunque parezca mentira, el 17 de abril — el mismo día en que las fuerzas prorrusas, dirigidas por Ígor Girkin, secuestraron y mataron brutalmente al concejal del Ayuntamiento de Hórlivka, Volodymyr Rybak[58]— el equipo de Zelenskii actuó en la ciudad. Tal cual. Las grabaciones de aquel concierto fueron eliminadas de todos los medios infor-

---

[57] Aunque los ucranianos y los rusos pertenecen tradicionalmente a la Iglesia cristiana ortodoxa, hasta el 5 de enero de 2019 la Iglesia ucraniana dependía del Patriarcado de Moscú. Gracias a los esfuerzos del Patriarca Filaret y del entonces presidente, Petró Poroshenko, Bartolomé I, el Patriarca Ecuménico de Constantinopla, firmó el *Tomos*, un documento por el que se reconocía y se establecía oficialmente la independencia de la Iglesia ortodoxa de Ucrania, a la que se otorgaba el autogobierno. Desde ese momento, la identidad ucraniana se concreta por tres vías: el idioma, la cultura y la religión.

[58] Concejal del Ayuntamiento de Hórlivka del partido Batkivshchyna que, durante un mitin prorruso, intentó volver a colgar la bandera de Ucrania en el edificio del Ayuntamiento. El 17 de abril de 2014 fue secuestrado por fuerzas prorrusas y el 19 de abril su cuerpo fue encontrado a las afueras de la ciudad, con evidentes signos de tortura y la cavidad abdominal abierta.

mativos y de Internet durante la campaña electoral de 2019, pero hay testigos de aquella actuación.

Esa misma tarde Yevhen Koshovii y Volodymyr Zelenskii le concedieron una entrevista a uno de los canales de televisión locales. La primera pregunta del entrevistador fue que si no tenían miedo de venir de gira al este del país debido a la problemática situación política, a lo que Zelenskii respondió que ni se le había pasado por la cabeza cancelar las actuaciones porque ellos se debían a su público. Y zanjó: «Lo único que podemos hacer por Ucrania ahora mismo es incidir al máximo en la unificación del país y criticar al Gobierno actual tanto como sea posible. Es la única manera de que los políticos trabajen y se esfuercen por proteger al país y sus fronteras».

Así que vamos a repasarlo una vez más para que no se nos escapen los detalles de lo ocurrido aquel 17 de abril de 2014 en la ciudad de Hórlivka. El mismo día que las fuerzas prorrusas secuestraron y después mataron brutalmente al concejal del Ayuntamiento Volodymyr Rybak, Zelenskii se dedicaba a actuar para su distinguido público y a hacer declaraciones sobre la unificación del país y la necesidad de criticar al Gobierno ucraniano tanto como fuera posible.

Cinco años después, el 19 de abril de 2019, Olena, la viuda de Volodymyr Rybak, le recordó a Zelenskii lo ocurrido en Hórlivka. En su página de Facebook escribió que su marido había sido secuestrado a solo quinientos metros del lugar donde se celebró la actuación de Kvartal 95. En ese post, Olena le lanza una serie de preguntas a Zelenskii:

A mi esposo lo capturaron justo a la salida de la sala de conciertos. Él quería perderse entre la multitud, pero no tuvo suerte. Al colocar la bandera nacional en el edificio del Ayuntamiento, mi esposo arriesgó su vida, la mía y la de nuestros hijos, y ¿qué hizo Kvartal 95? Habló de la necesidad de criticar a las autoridades, como si no fuese suficiente con las críticas de los separatistas durante los últimos meses. Cantasteis una canción sobre Crimea, pero a la gente del Dombás le da absolutamente igual. Ellos se rebelan contra la dictadura de Kyiv y es a las autoridades de Kyiv a las que les fue arrebatada Crimea.

Durante uno de los periodos más complicados de la historia de este país, Kvartal 95 no ha hecho más que ridiculizar a las autoridades ucranianas, especialmente a Vitalii Klichko,[59] un atleta que ha llevado el nombre de Ucrania a la gloria deportiva en repetidas ocasiones y cuyo nombre ya está inscrito en la historia de nuestro país.

Y ¿qué hizo por Ucrania usted, señor Zelenskii? ¿Actuar y dar conciertos para los militares? Una actividad mucho más segura que servir en el ejército. Tengo una pregunta para usted, ¿cómo consiguió permiso para actuar en Hórlivka el 17 de abril cuando toda la población pro-ucraniana estaba escondida, aterrorizada, o tratando de salir de la ciudad porque temían por sus vidas?

Por supuesto, después del chiste desafortunado sobre las porras de policarbonato y de su gira por las ciudades ucranianas del Dombás —inmersas en el proceso de ocupación inmediatamente anterior a la abierta agresión rusa—, el equipo de Zelenskii entendió que era el momento de posicionarse políticamente y elegir un bando. A partir de ese momento, Kvartal 95 organizó conciertos y actuaciones para los militares ucranianos y brindó ayuda a los voluntarios que cubrían las necesidades del ejército de Ucrania, tratando de dejar clara cuál era su posición política. En realidad una especie de petición de disculpas por sus actitudes anteriores, que es poco probable que los ciudadanos de Ucrania puedan aceptar para olvidarse del maldito chiste de las porras de policarbonato.

---

[59] Exboxeador, campeón absoluto de los pesos superpesados y alcalde de Kyiv desde 2014, ha sido blanco frecuente de las burlas del equipo de Kvartal 95 por sus constantes *lapsus linguae*, sobre todo cuando habla en ucraniano. Algunos de sus errores se han convertido en memes y se han viralizado, incluso se ha publicado un libro recopilando sus lapsus.

EL DOBLE DE ZELENSKII

El 9 de octubre de 2018 el estratega político Dmytró Razumkov visitó la sede electoral de Volodymyr Zelenskii. Irónicamente, Razumkov, a diferencia de Roman Bezsmertnii, había dudado en público de que pudiera existir la figura de un «Macron ucraniano», un hombre que, sin un apoyo significativo ni un partido nacional, pudiera alzarse con el triunfo en las elecciones presidenciales. Roman Bezsmertnii, político y uno de los candidatos a la presidencia de Ucrania, opinaba lo contrario, y así lo manifestó en diferentes entrevistas durante los años 2018 y 2019.

> ¿Por qué hablé tanto de Macron y de macronismo ucraniano durante la presidencia de Poroshenko? Porque supe detectar el surgimiento de este fenómeno en la sociedad ucraniana. No por brujería ni por mis dotes de adivinación, sino mediante el análisis de la actitud del propio Poroshenko. Hoy en día nos hemos olvidado de estos detalles o no les damos crédito, pero estoy absolutamente convencido de que el periodo post-Yanukovych y la presidencia de Poroshenko han sido el caldo de cultivo perfecto para el surgimiento de lo que yo denominaba entonces «el fenómeno Macron». Un fenómeno político por el que un personaje muy conocido en la sociedad resquebraja las estructuras y costumbres preexistentes del sistema actual. Y eso es lo que está pasando en Ucrania ahora mismo.

Macron no pertenecía a ningún partido político, más bien maniobraba entre varios partidos, y al llegar a la presidencia de Francia puso patas arriba todo el sistema político existente. Zelenskii de facto hizo lo mismo. Pero aquí se acaban las semejanzas entre Zelenskii y Macron, porque Macron es un hombre del sistema en un Estado con instituciones fuertes. En la realidad política ucraniana, la actividad del sexto presidente habría necesitado de unas instituciones estatales fuertes. Y aunque hay que subrayar el empeño que ha puesto el presidente en reorganizar las instituciones existentes y crear otras nuevas, su esfuerzo ha sido del todo inútil. Por ejemplo, la Fiscalía General del Estado ha perdido la mitad de sus funciones y se ha vuelto una institución absolutamente impotente, mientras que han aparecido todo tipo de agencias como la DBR, NAZK, NABU[60] o un Tribunal Anticorrupción que, a pesar de la iniciativa, no han podido desarrollar plenamente sus funciones.

También huelga recordar que la filosofía, las opiniones, la posición política y social de Macron no es solo Emmanuel Macron, sino que todo eso proviene de un grupo de científicos e ideólogos que han desarrollado una filosofía política, una filosofía nacional sólida basada en la escuela francesa de filosofía, en la escuela nacional de economía, en la escuela del desarrollo de las instituciones del Estado y un largo etcétera. Está claro que Ucrania se habría beneficiado de beber de esas fuentes, pero lamentablemente las cualidades humanas y la formación de Zelenskii no son las mismas que las de Macron, como tampoco lo son las personas que lo rodean.

Pero volvamos a Razumkov. Recordemos que en abril de 2018, cuando era analista político, se equivocó en sus pronósticos sobre la aparición de un «Macron ucraniano». Y poco tiempo después, en octubre de 2019, se había convertido en el rostro de la campaña electoral de Volodymyr Zelenskii. Según las palabras del propio Razumkov, él se incorporó al equipo

---

[60] Agencias estatales: la Oficina Estatal de Investigación, la Agencia Nacional de Prevención de la Corrupción y la Oficina Nacional de Anticorrupción de Ucrania, respectivamente (por sus siglas en ucraniano).

del sexto presidente de Ucrania gracias a Iván Bakanov. La versión oficial reza que Razumkov y Bakanov se conocieron a través de unos amigos comunes y que luego Bakanov presentó a Razumkov a Zelenskii. Un par de días después comenzó a trabajar en la sede electoral.

Pero la realidad no es, ni por asomo, tan simple como el propio Razumkov intenta hacernos creer porque Dmytró Razumkov no es un cualquiera en la política ucraniana. Razumkov es hijo del exprimer asistente del presidente de Ucrania Leonid Kuchma. Solo necesita pronunciar su apellido en voz alta para que se le abran todas las puertas de la política ucraniana, dado que la mayoría de los que conocían a su padre siguen desempeñando papeles relevantes, muy relevantes en algunos casos, en la vida política del país.

El padre de Dmytró Razumkov, Oleksandr, fue una figura muy influyente en la vida política de Ucrania durante la época de Kuchma. Se graduó en la facultad de Relaciones Internacionales de la Universidad Estatal Tarás Shevchenko de Kyiv y comenzó su carrera en la delegación regional del Komsomol[61] de Dniprópetrovsk, donde conoció a Serhii Tigipko[62] y Oleksandr Turchynov.[63] Años más tarde trabajó en el Comité Central de LKSMU[64] y en la Comisión de Asuntos de la Juventud de la Rada Suprema.

En 1994, Razumkov sénior comenzó a trabajar en la sede del entonces candidato a la presidencia de Ucrania Leonid Kuchma. Y tras su victoria en las elecciones, se convirtió en su primer asistente. Sin embargo, no ocupó el cargo por mucho tiempo, ya que debido a los conflictos constantes con el jefe de la Oficina del Presidente, Dmytró Tabachnyk, se vio obli-

[61] Organización juvenil del Partido Comunista de la Unión Soviética.

[62] Primera figura de la política ucraniana entre los años 1995 y 2004. Diputado de la Rada Suprema, viceprimer ministro de Ucrania, ministro de Política Social, ministro de Economía y director del Banco Nacional de Ucrania.

[63] Viceprimer ministro de Ucrania en 2005, en 2014 fue primer ministro interino y presidente de Ucrania interino. También desempeñó el cargo de presidente de la Rada Suprema. Muy conocido por su firme posición pro-ucraniana, su apodo en política era «el Pastor», por su ferviente fe evangélica protestante.

[64] La Unión de Juventud Leninista-Comunista (por sus siglas en ucraniano).

gado a dimitir. Razumkov entonces fundó un centro de investigación económica y más tarde se convirtió en vicesecretario del Consejo Nacional de Seguridad y Defensa, a cargo de las relaciones ruso-ucranianas en la política exterior del Estado. En 1997, Serhii Tigipko fue nombrado, por recomendación de Razumkov, viceprimer ministro de Asuntos Económicos en el Gobierno del tristemente recordado Lazarenko.[65] En palabras de Alexander Razumkov, la sustitución de Víktor Pynzenyk por Serhii Tigipko fue un caso claro de «un teórico del mercado libre reemplazado por un practicante».

Oleksandr Razumkov murió a los cuarenta años de una enfermedad crónica. Para entonces ya se había divorciado de su primera mujer, la famosa actriz ucraniana Natalia Kudrya, madre de Dmytró, y se había casado con la periodista Yulia Mostova, matrimonio del que nacerá su segundo hijo, Glib, que años más tarde será adoptado por el segundo marido de Yulia Mostova, el exministro de Defensa Anatolii Hrytsenko.

Con el paso del tiempo, Dmytró seguirá los pasos de su padre. Igual que Razumkov sénior, se graduará en el Instituto de Relaciones Internacionales de Kyiv (que sucedió a la facultad de Relaciones Internacionales de la Universidad Estatal T. Shevchenko de Kyiv). Igual que su padre, dará sus primeros pasos en la política, no ya en el Komsomol (que afortunadamente había dejado de existir), sino en el Partido de las Regiones, al que se afilió a consecuencia del rechazo personal que le provocaba el presidente Yushchenko. Serhii Tigipko —personaje por entonces muy poderoso, influyente y en la cima de su carrera política— se convertirá en el principal apoyo durante los primeros pasos en política del hijo de su viejo amigo e incluirá al joven Razumkov en su equipo electoral para las elecciones presidenciales.

Los acontecimientos previos al año 2018 sirvieron para que Dmytró Razumkov hiciera su rodaje en la vida política. Razumkov júnior participó en la campaña presidencial de Serhii Tigipko, que consiguió situarse un inesperado tercer lugar.

---

[65] Político ucraniano y exprimer ministro que, en agosto de 2006, fue declarado culpable y condenado a prisión en Estados Unidos por blanqueo de capital, fraude y extorsión.

Este resultado le permitió ser nombrado viceprimer ministro del Gabinete de Ministros de Mykola Azarov. Durante los meses siguientes, el Partido de las Regiones absorbió al partido de Tigipko, Sylna Ukraina.[66] En 2010, un año después de que Víktor Yanukovych ganara las elecciones presidenciales, Razumkov dejó el Partido de las Regiones y a Serhii Tigipko y recondujo sus pasos hacia el sector privado. El asesor político Kost Bondarenko, que trabajó con el partido de Tigipko, dice que no recuerda a Dmytró Razumkov en la campaña electoral. «Tal vez tenía asignadas algunas tareas, pero sin duda eran funciones muy secundarias», dice.

Tras su incorporación al equipo de Zelenskii, Razumkov se convirtió en uno de los protagonistas de su campaña electoral. Atractivo, inteligente y discreto, era casi como un doble del candidato presidencial. Participaba en debates en su nombre en los canales de televisión y al mismo tiempo engrandecía su propia imagen pública. En aquel momento, durante sus intervenciones, Razumkov hablaba exclusivamente en ruso y trataba de justificarlo de la siguiente manera:

Hablaré solamente en ruso mientras exista el peligro de una agresión por parte de Rusia. El presidente ruso no hace más que manifestar su deseo de proteger a la población de habla rusa residente en Ucrania. Pero yo quiero demostrar que, para protegerme a mí, como representante de la población de habla rusa en Ucrania, no es necesario venir con tanques, ametralladoras ni kalashnikovs, ni tampoco mandar a los «hombrecitos verdes».[67]

Hoy en día, el ruso sigue siendo el idioma en el que se expresa habitualmente Razumkov.

Hasta abril de 2019, Zelenskii evitaba los debates públicos con su principal oponente, Petró Poroshenko, y se negaba a

[66] Ucrania Fuerte.

[67] Apodo que los habitantes de Crimea dieron a los cuarenta mil efectivos del ejército ruso que ocuparon la península vestidos con uniformes verdes sin distinción ni identificación alguna. Este contingente militar también fue el responsable de la puesta en marcha de un «referéndum» sobre la integración de Crimea en el territorio de la Federación Rusa.

participar en tertulias u otros programas televisivos, a excepción de algunos episodios de *Pravo na Vladu* en el canal 1+1. La tarea de Razumkov fue la de «vender» el programa electoral y la figura del candidato en todas sus intervenciones públicas. Para ser exactos, su función —como estratega político de la sede electoral del candidato Zelenskii— no era otra que la de crear la imagen pública del futuro presidente. Era una tarea que realizaba pro bono, como él mismo recuerda. Además, según sus propias palabras, no hubo ningún acuerdo previo sobre una posible remuneración ni nombramiento en caso de victoria. Razumkov simplemente cumplía su cometido en el equipo con el que quería ganar las elecciones presidenciales.

Tras la victoria de Zelenskii, había mucha curiosidad sobre el cargo que ocuparía Razumkov. Y el joven portavoz finalmente no entró en el equipo de Gobierno, sino que fue elegido como líder del partido Servidor del Pueblo para las recién convocadas elecciones parlamentarias anticipadas. Se había convertido en el rostro de una nueva fuerza política en la que los ucranianos habían depositado unas expectativas desmesuradas. A partir de aquel momento Razumkov estaba en todos lados, trabajando en el campo, visitando una fábrica, debatiendo con los estudiantes, hablando con los obreros de la construcción. Una vez liberado de la alargada sombra de Zelenskii, parecía que Razumkov estaba deseoso por recuperar el tiempo perdido en el escenario político. El papel de actor secundario ya no era suficiente para él. Como todo corista de un musical, soñaba con llegar a ser el solista.

Durante las elecciones del verano de 2019, el partido presidencial obtuvo una victoria aplastante y Dmytró Razumkov, de treinta y cinco años, fue elegido presidente de la Rada Suprema de Ucrania. Era, de facto, la segunda persona más importante en la estructura del Estado.[68] ¿Recuerdan que en 2014 el presidente del Parlamento, Oleksandr Turchynov, se convirtió en presidente interino tras la fuga de Víktor Yanuko-

[68] De acuerdo con lo previsto en la Constitución de Ucrania, en caso de que el presidente no pueda desempeñar sus funciones, es el presidente del Parlamento la persona encargada de asumir las funciones de presidente interino.

vych? Razumkov estaba igual de cerca que Turchynov de la presidencia.

Es cierto que Razumkov elogiaba públicamente a Zelenskii y que pertenecía a su equipo. Es cierto que su carrera dependía de la mayoría parlamentaria formada por los diputados del partido Servidor del Pueblo y que a veces se había convertido en objetivo de las críticas por culpa de algunas declaraciones inesperadas, como aquella vez que habló de la necesidad de revisar la ley lingüística. Pero aun así Razumkov comenzó a sentir su creciente peso político y empezó a oponerse a algunas de las iniciativas gubernamentales de Zelenskii, como ocurrió por ejemplo en una reunión del Consejo de Seguridad y Defensa.

En poco tiempo, sus adversarios y sus aliados dejaron de percibirlo como «la cabeza parlante de Zelenskii» o como «al hijo de aquel Oleksandr Razumkov». Y él mismo empezó a concienciarse de que no le era suficiente con ser un actor secundario, sino que tenía a su alcance todos los instrumentos necesarios para sentarse en algún momento en el sillón presidencial. Pero Zelenskii también se dio cuenta de esta nueva realidad. El 7 de octubre de 2021 Razumkov fue destituido de su cargo de presidente del Parlamento con los votos de todos los diputados de Servidor del Pueblo

Desde entonces, Razumkov se ha convertido en un político con una proyección inesperada. Es líder del proyecto Smart Politics, en abierta oposición con Zelenskii, y no oculta su ambición de ser elegido presidente algún día. El 27 de noviembre de 2021, Razumkov hizo pública su candidatura a las próximas elecciones presidenciales de Ucrania.

ZELENSKII, MAESTRO DE CEREMONIAS

El 28 de mayo de 2019, una semana después de su toma de posesión, Volodymyr Zelenskii devolvió a Mijeíl Saakashvili[69] la nacionalidad y el pasaporte ucranianos. El nuevo presidente de Ucrania estaba convencido de que su predecesor había tratado injustamente al expresidente de Georgia al privarlo de la nacionalidad ucraniana y de los altos cargos que ocupaba en el poder. Probablemente, Zelenskii solo pretendía que el regreso de Saakashvili fuera percibido como un triunfo personal suyo, un símbolo para los votantes de la restauración de la justicia en Ucrania después de la era del *baryga* Poroshenko.[70] Mijeíl, que fue deportado del país en dirección a la frontera polaca con una bolsa en la cabeza, se comportaba como un verdadero triunfador a su regreso a Ucrania.

En 2015 el Gobierno ucraniano le concedió la nacionalidad ucraniana, y acto seguido fue nombrado delegado del Gobierno en la región de Odesa. Petró Poroshenko no dejaba de elogiar al expresidente de Georgia y de hacer referencia a la amistad que los unía desde hacía años. Poroshenko y Saakashvili habían sido compañeros de estudios en la facultad

---

[69] Abogado y político de origen georgiano, fue presidente de Georgia en dos ocasiones, entre 2004 y 2007, y entre 2008 y 2013. De 2015 a 2016 fue gobernador de la región de Odesa. Está acusado por el actual Gobierno georgiano de crímenes contra los derechos humanos.

[70] *Baryga*: calificativo despectivo para referirse a los comerciantes, vendedores y especuladores cuyos negocios se consideran ilícitos. Algunos sectores de la población llamaban así a Petró Poroshenko durante su mandato como presidente.

de Relaciones Internacionales de la Universidad Estatal Tarás
Shevchenko de Kyiv (la misma facultad en la que, solo unos
años más tarde, se graduó el actual jefe de la Oficina del Presidente, Andrii Yermak). En 2004 los dos fueron firmes defensores públicos de la Revolución Naranja, y los dos mantenían
una profunda amistad personal con el expresidente Víktor
Yushchenko (ambos son padrinos de sus hijos). Como era de
esperar, en 2014, tras la Revolución de la Dignidad, Saakashvili apoyó la candidatura en la carrera presidencial de su viejo
amigo Poroshenko.

Parecía que aquella amistad, nacida en la facultad y forjada
a lo largo de los años en la arena política, sería eterna. Era
impensable que Saakashvili un día llegaría a llamar públicamente *baryga* a Poroshenko y a pedir al pueblo ucraniano que
derrocara a aquel al que había llamado su amigo hasta hacía
dos días. Tampoco nadie podría imaginar que la contundente
respuesta de Poroshenko consistiría en revocarle la nacionalidad ucraniana a Saakashvili y deportarlo a Polonia. Pero eso
fue exactamente lo que sucedió.

El mal carácter de Saakashvili y sus constantes conflictos
con casi toda la cúpula gobernante de Ucrania probablemente fueran la razón principal por la que el antiguo presidente
de Georgia siempre haya sido percibido como un *freak* en la
política ucraniana. Tampoco ayudaron sus comportamientos
erráticos, como el día que trató de escapar de los agentes del
Servicio de Seguridad por los tejados de los edificios de Kyiv.

Los años de la presidencia de Poroshenko fueron, sin duda
alguna, los más difíciles y dramáticos en la biografía política de
Mijeíl Saakashvili. Fue acusado de preparar un golpe de Estado en Ucrania, estuvo en la cárcel y fue deportado a Polonia.
Es casi increíble que uno de los autores intelectuales del «Milagro georgiano»,[71] una persona que tanto Poroshenko como
Zelenskii quisieron incorporar a sus equipos como «gurú» de

---

[71] Exitoso conjunto de reformas económicas y administrativas que tuvieron lugar en Georgia
durante los años de la presidencia de Saakashvili.

sus planes de reformas económicas, tuviera que exiliarse durante algún tiempo en Europa hasta que se calmaran las aguas.

Aun así no podemos olvidar que ya a finales de 2017, desde la tribuna de la Rada Suprema, el entonces fiscal general de Ucrania Yurii Lutsenko acusó a Mijeíl Saakashvili y a sus socios de estar preparando un golpe de Estado en Ucrania financiado por el oligarca Serhii Kurchenko. Según los datos de la Fiscalía General de Ucrania, las protestas que lideraba el partido de Saakashvili, Movimiento de las Nuevas Fuerzas, habían sido financiadas desde Rusia. Incluso después de que, mediante un decreto del Gobierno de Zelenskii, Saakashvili recuperara la nacionalidad ucraniana, Yurii Lutsenko no se cansaba de repetir públicamente que seguía considerando al expresidente de Georgia un traidor. Aunque lo cierto es que la Fiscalía General no ha tomado ninguna medida contra Saakashvili desde su vuelta a Kyiv.

Una vez recuperado su pasaporte, Saakashvili se dirigió sin más dilación a Odesa, la ciudad en la que en su día fue delegado del Gobierno. Se esperaba que participara en las elecciones a la alcaldía en octubre de 2020, con el apoyo de Zelenskii y de los servidores del pueblo. Pero el desarrollo de los acontecimientos políticos lo obligó a regresar a Kyiv. El escándalo de los nombramientos y dimisiones que sacudió al equipo de Zelenskii durante el invierno de 2020 —y que provocó la renuncia de Oleksii Honcharuk como primer ministro de Ucrania y la llegada de Denys Shmygal— requería movimientos contundentes en relación con los nuevos nombramientos. Uno de estos movimientos consistió en reclutar a Saakashvili para el equipo del sexto presidente.

No obstante, la propuesta de ocupar el cargo de viceprimer ministro de Reformas Económicas, que supuestamente fue trasladada a Saakashvili personalmente por Zelenskii, nunca se materializó en un cargo oficial. Aunque Saakashvili había intentado asegurar la mayoría parlamentaria necesaria para su nombramiento, no logró reunir los votos suficientes.

Así que el mismísimo Saakashvili, que tanto había criticado al *baryga* Poroshenko y que presumía de su orgullo caucásico, tuvo que aceptar que su nombramiento no había sido más que un farol. Y por cierto que el Gobierno de Georgia se había opuesto oficialmente a dicho nombramiento, incluso había amenazado con retirar de Kyiv a su embajador.

El 7 de mayo de 2020, Volodymyr Zelenskii nombró a Mijeíl Saakashvili presidente del Alto Consejo de Coordinación del Consejo Nacional de Reformas, un órgano consultivo sin ningún poder de decisión creado durante la época de Poroshenko. Al expresidente de Georgia finalmente le habían asignado el papel de «gurú» de las reformas económicas de Zelenskii, pero en esta obra de teatro ese papel tenía cierto peso frente a los medios de comunicación y poco más.

Saakashvili dice que nunca podría tener una discusión ni un malentendido con Zelenskii, que eso es algo con lo que solo sueñan sus enemigos. Pero, como dice el viejo refrán, «nunca digas de esta agua no beberé». La Ucrania de Zelenskii no es muy diferente de la Ucrania de Poroshenko, aquella Ucrania contra la que Saakashvili se pronunció en tantas ocasiones. Basta recordar que los inamovibles «dueños del país» —los oligarcas Ígor Kolomoyskii, Rinat Akhmetov y Víktor Pinchuk— siguen en su sitio, a pesar de las enérgicas críticas del expresidente de Georgia. Tampoco ha cambiado el sistema de gestión estatal, atravesado de la corrupción y el nepotismo que tanto molestaban y siguen molestando al reformista georgiano.

Sin duda, Saakashvili podría haber asumido un papel más importante dentro del equipo de Zelenskii, pero esta posibilidad nunca se planteó. En agosto de 2020 estalló un escándalo en el Departamento de Aduanas que fue duramente criticado por Saakashvili. Unas semanas después, el 27 de agosto, él mismo publicó un vídeo en el que anunciaba su regreso a Georgia después de siete años de exilio. Había prometido regresar a su patria después de las elecciones parlamentarias para dirigir el partido de oposición Movimiento Nacional Unido de Georgia. Pero dijo que estuviera donde estuviese, siempre se sentirá hijo de dos patrias: Georgia y Ucrania. Desde Tiflis le recordaron que tenía causas penales abiertas y que, en caso de que pusiera un pie en Georgia, daría con sus huesos directamente en la cárcel.

El politólogo Serhii Gaidai asegura que la salida de Saakashvili de la política ucraniana solo se puede interpretar de una manera: Saakashvili no confiaba en el poder de Zelenskii. «Es cierto que se despegó de Zelenskii, pero no era porque quisiera volver a la política georgiana, más bien quería salir del circo político de Zelenskii. Había perdido la esperanza de que este le brindase la oportunidad real de ocupar el cargo de primer ministro de Ucrania y llevar a cabo las reformas necesarias con su propio equipo».

En otoño de 2021, Saakashvili regresó ilegalmente a Georgia para apoyar a sus camaradas políticos, pero fue detenido y encarcelado de inmediato por las causas penales que había abiertas contra él. Todos los intentos de Zelenskii de presionar al Gobierno georgiano para que libere a Saakashvili han sido en vano, por lo que el expresidente sigue actualmente en prisión.

LOS SHEFIR DE ZELENSKII

El año 1995 fue crucial en la vida de Volodymyr Zelensky. Al joven de diecisiete años le gustaba el teatro y los concursos de KVN, pero su padre quería que su hijo único tuviera una educación sólida y reglada, y después un trabajo con buenas perspectivas de promoción. Hoy en día resulta obvio que el país jamás se habría enterado de la existencia de Zelenskii si hubiese elegido la carrera de ingeniero, militar o médico. Si las cosas hubiesen sido diferentes, quién sabe si ahora tendría una vida feliz.

Hace veintisiete años tuvo lugar un encuentro clave en la vida del joven Volodymyr. Un encuentro que le ayudó a contestar a la pregunta de qué quería ser de mayor. Aquel día conoció a dos hermanos: Borys y Serhii Shefir. Casi le doblaban la edad: el primero tenía treinta y cinco, y el segundo treinta y un años. Su padre, Nakhman Shefir, había luchado en la Segunda Guerra Mundial contra el ejército alemán y —según sus propias palabras— contra los *banderivtsy* de la Ucrania occidental. Al igual que Oleksandr Zelenskii, Shefir sénior soñaba con que sus hijos tuviesen un trabajo digno y serio. Los dos se habían graduado en el Instituto de Minería de Kryvyi Rig, pero en lugar de trabajar con minerales se dedicaron a descubrir estrellas del espectáculo. Y la más brillante de todas sus piedras preciosas iba a ser Volodymyr Zelenskii.

Cuando conocieron a Zelenskii, Serhii y Borys ya formaban parte de los equipos de KVN, Kryvyi Rig y Zaporizhzhya - Kryvyi Rig - Transit. En la ciudad natal de Zelenskii existía una liga local de KVN, así que solo era cuestión de tiempo que los hermanos Shefir coincidieran con el joven Volodymyr. Al principio lo invitaron a formar parte del equipo para diseñar las coreografías de las actuaciones de Transit. Después, poco a poco, el papel de Zelenskii fue creciendo dentro del equipo y dos años más tarde, en 1997, Transit estaba luchando por el trofeo de campeones en la Liga Suprema de KVN en Moscú contra Novye Armyane. El año siguiente, algunos miembros del equipo Transit, entre los que se encontraban Zelenskii y los hermanos Shefir, fundaron un nuevo equipo: Kvartal 95. El nuevo equipo debutó en el festival de KVN en Sochi.

Junto a los hermanos Shefir, Zelenskii dio sus primeros pasos hacia el estrellato en Moscú. Primero vivían en un piso minúsculo de alquiler en Mytishchi,[72] y trabajaban en la empresa AMiK de Alexander Masliakov. Los Shefir no solo dirigían Kvartal 95, también escribían guiones y escenas para varios equipos de KVN, entre otros KVN Minsk, Majachkalinskie Brodyagi y Sbornaya XX Veka. El año 2003 supuso un punto de inflexión, cuando con el beneplácito de Oleksandr Rodnyanskii, Zelenskii y los hermanos Shefir fundaron Studio Kvartal 95 y rompieron definitivamente con Masliakov. Los tres empresarios regresaron a Kyiv e iniciaron una intensa cooperación con los canales de televisión 1+1 e Inter. Con el patrocinio de estos medios de comunicación pudieron rodar las películas *La mesa está servida, Profesor mafioso, Svaty* y *Ocho primeras citas*.

Después de veinticinco años, los tres amigos han sabido trasladar su influencia mediática a la arena política en la presidencia de Volodymyr Zelenskii. Seguramente a ninguno se le habría pasado por la cabeza la posibilidad de llegar a ser presidente de Ucrania cuando compartían piso en Moscú en 1995.

Tras la investidura de Zelenskii, Borys Shefir siguió a cargo de Studio Kvartal 95, mientras que su hermano Serhii se

---

[72] Un barrio de los suburbios de Moscú.

convertía en la indiscutible mano derecha del jefe de Estado. Siempre en la sombra, a pesar de la creencia extendida de que asumiría el cargo de jefe de la Oficina del Presidente. En una entrevista publicada en *LB.ua*, Serhyi Shefir dijo que su principal tarea consistía en ayudar a Volodymyr Zelenskii a mantener los pies en la tierra, a no renunciar a su humanidad por más que ahora se siente en el sillón presidencial.

El antiguo jefe de la Oficina del Presidente, Andrii Bohdan, ha explicado que Serhii Shefir es la persona en la que más confía el presidente dentro de su círculo íntimo. Así lo retrató en una entrevista con Dmytró Gordon:

> Shefir es buena persona y es el mentor de Volodya. El presidente confía en él, al menos así era antes…, no lo sé ahora. Pero es muy bueno, no puedo decir nada malo de él. ¿Sabes que hay personas que no son creativas, que son como robots, solo siguen la programación que tienen marcada, y que luego te encuentras con otras personas súper creativas y sabias? Shefir no es un burócrata, es ese tipo de sabio.

A los hermanos Shefir no les gusta salir en los medios de comunicación. Y en su caso mantenerse fuera de los focos probablemente haya sido una decisión inteligente. De lo contrario, quién sabe por ejemplo la repercusión que hubiese tenido en la imagen del presidente Zelenskii esa entrevista de Borys Shefir en la que se oponía públicamente a las cuotas lingüísticas y decía que el presidente ruso es «un hombre inteligente con quien se pueden alcanzar muchos acuerdos». El 30 de mayo de 2020, en una entrevista para la revista digital *Detector Media,* el mayor de los hermanos Shefir afirmó:

> Si me preguntan mi opinión sobre la guerra, pues creo que inicialmente era una cuestión de dinero para ambas partes. Todo el mundo quería ganar dinero. Si existe una voluntad real de paz, llegaremos a un acuerdo con ellos. ¿Creéis que ellos quieren la guerra? ¿Creéis que Putin es un maníaco al que le gusta matar a gente inocente? ¿Es que acaso creéis que está loco? Sa-

bemos a ciencia cierta que tiene ambiciones imperialistas, pero estoy convencido que se puede llegar a un acuerdo. En caso contrario, declaremos una guerra de verdad. Porque lo que está pasando ahora no tiene ningún sentido. Con la mano derecha combatimos al mismo tiempo que con la izquierda hacemos negocios. Si ninguna de las partes demuestra que quiere la paz, no habrá paz.

Borys Shefir también expresó su convencimiento de que el cambio de Gobierno y la entrada en el poder de Zelenskii significaría el final de la guerra.

Esta fue la primera y la última entrevista del mayor de los hermanos Shefir. Después de que se hiciera pública, el equipo del presidente Zelenskii se vio obligado a hacer un comunicado oficial aseverando que el presidente no compartía el punto de vista de su amigo más cercano. Pero las palabras de su viejo camarada son muy ilustrativas del entorno en el que se mueve Zelenskii. Como dice el refrán, «dime con quién andas y te diré quién eres». Los hermanos Shefir siguen siendo, hoy en día, los amigos y socios más cercanos de Volodymyr Zelenskii.

El 22 de septiembre de 2021, en una autopista cerca de Kyiv, Serhii Shefir sufrió un atentado: un desconocido disparó varias veces contra su coche. Esos días Zelenskii se encontraba en Nueva York, adonde había ido para asistir a la reunión de la Asamblea General de la ONU. En referencia a este episodio dijo que el objetivo de los disparos no había sido Serhyi Shefir sino el programa de reformas que había aplicado en Ucrania para apartar a los oligarcas del poder fáctico del país. A pesar de que el presidente prometió que la respuesta al atentado contra su amigo sería muy contundente, hoy aún no se ha detenido a ningún implicado.

EL CUCHILLO DE KOLOMOYSKII

Las leyendas y rumores que corren sobre este personaje son infinitas. Se cuenta que, durante una cena de empresa, Kolomoyskii le cortó la corbata a uno de los directivos de la firma con un cuchillo de tarta. Como si le estuviera diciendo: «Mira..., eres un tipo importante que hace cosas importantes..., pero tienes suerte de que esta noche solo te corte la corbata». Todos los que lo han conocido coinciden en que es un tipo duro y muy avispado para los negocios. El propio Kolomoyskii, por su parte, se muestra bastante escéptico sobre estos rumores, que achaca a la imaginación de personas envidiosas que no lo conocen.

Volodymyr Zelenskii podría contar muchas cosas sobre Kolomoyskii y sus métodos, ya que durante mucho tiempo Kvartal 95 colaboró estrechamente con el canal de televisión 1+1, propiedad de Ígor Kolomoyskii. El 6 de octubre de 2012, ambas empresas anunciaron oficialmente el inicio de su colaboración empresarial, en virtud de la cual varios programas de Kvartal 95 comenzaron a emitirse en 1+1. Seis años después Volodymyr Zelenskii se había convertido en una mega estrella del mundo del espectáculo en Ucrania, gracias en gran parte al empuje de los medios de comunicación de Kolomoyskii.

Kolomoyskii y Zelenskii se habían conocido a través de Timur Mindich y de Yurii Borisov en 2008. Y no han tenido siempre una relación pacífica y de confianza que digamos, desde luego no en lo que se refiere al pago de los servicios de

Studio Kvartal 95. El 13 de febrero de 2017, cumpleaños de Kolomoyskii, el equipo de Kvartal 95 le grabó un pequeño mensaje de felicitación donde también le pedían que liquidara al menos una pequeña parte de la deuda que 1+1 tenía con Studio Kvartal 95. Zelenskii se dirigió a Kolomoyskii en estos términos: «Querido Ígor Valériyovich, brindo por tu aniversario y me sumo a los deseos de que tengas salud, buenos amigos, tiempo para todo lo que quieras llevar a cabo y muchos nietos. Te deseo que el año que viene nada cambie en tu vida, pero que por favor algo cambie en las nuestras».

Pero no, nada cambió para Kvartal 95 en 2018. Tampoco en 2019. La prensa cuantificaba la deuda de 1+1 con Kvartal 95 en al menos cuatro millones de dólares.

El 18 de julio de 2019, en auna entrevista con *LB.ua*, la «mano derecha» del presidente y antiguo socio comercial, Serhii Shefir, contestaba a la pregunta de la periodista Sonya Koshkina sobre si era verdad que la deuda acumulada del canal 1+1 con Kvartal 95 era de aproximadamente siete millones de dólares:

> Mire, la situación del país no era fácil. Entre 2012 y 2014, nuestra situación financiera estaba saneada. Pero entonces estalló la guerra. Recuerdo como si fuera ayer un día que teníamos planificada una reunión [con Kolomoyskii] en la Delegación del Gobierno en Dnipró.[73] Nosotros queríamos plantearle algunas dudas que nos parecían, digamos, urgentes e importantes… Pero imagínese que, estando nosotros allí, Kolomoyskii tenía que establecer el plan de defensa de la ciudad, acordar algún sitio para que aterrizase un helicóptero o decidir dónde debían llevar a los voluntarios y a qué hospital iban los heridos… Tenía que liderar la resistencia de los ciudadanos de Dnipró, que a la postre fueron los que detuvieron la guerra en ese momento… ¿Qué quiero decir con esto? Que había circunstancias de fuerza mayor y no era fácil cumplir con los acuerdos económicos que se habían alcanzado previamente.

---

[73] Kolomoyskii era el delegado del Gobierno en la región de Dnipró.

El 5 de octubre de 2021, un grupo de periodistas de investigación que estaba trabajando en los papeles de Pandora descubrió que Zelenskii había establecido una red de empresas pantalla en paraísos fiscales, mediante la que él y sus socios habían recibido, desde 2012, más de cuarenta millones de dólares provenientes de las cuentas de Kolomoyskii en Privatbank. Zelenskii confirmó que la información era cierta. Pero declaró que, aunque utilizaban empresas fantasma en paraísos fiscales, su objetivo no era blanquear dinero. En una entrevista al canal ICTV el 17 de octubre de 2021, el presidente de Ucrania dijo sobre esta cuestión:

> En la época de Yanukovych todo aquel que tuviera negocios relacionados con los medios de comunicación debía planificar su reestructuración. Absolutamente todos los canales tenían empresas en el extranjero porque era una fórmula para reducir la influencia de la política en su programación. Kvartal 95 funcionaba en el ámbito de la crítica, por lo que estábamos sujetos a la presión e influencia de una multitud de agentes sociales, económicos y políticos. Los inspectores de Hacienda se personaban prácticamente a diario en nuestras oficinas, así que para garantizar nuestra independencia nos vimos obligados a realizar la «reestructuración empresarial» de Kvartal 95.

En mayo de 2019, el diario *Ukrayinska Pravda* preguntó a Kolomoyskii si consideraba a Zelenskii un hombre de negocios cínico: «Sin duda alguna. En lo referente a los negocios, no tiene ni sentimientos ni escrúpulo alguno. Si le debes algo, eres un moroso: Volodymyr no pierde tiempo con charlas ni indulgencias».

Mas allá de las espinosas cuestiones financieras, la colaboración entre 1+1 y Kvartal 95 fue muy lucrativa. En el canal de Kolomoyskii, en *prime time,* se estrenó en noviembre de 2015 la serie *El servidor del pueblo.* Allí, el actual presidente de Ucrania interpretaba el papel de Vasyl Goloborodko, un profesor de Historia que se convertía en presidente de la República. Gracias a esa serie, emitida desde el 2015 hasta el 2019, se construyó una nueva realidad política en Ucrania, una realidad en la que Volodymyr Zelenskii obtuvo el papel protagonista y en la que un partido político con el mismo nombre que una serie de televisión se convirtió en el partido más poderoso del país.

Tanto Kolomoyskii como Zelenskii han afirmado en numerosas ocasiones que nunca sospecharon que *El servidor del pueblo* acabaría llevándolos a la arena política. ¿Es cierta esta afirmación? El 2 de diciembre de 2017, con la serie todavía en antena, el Partido del Cambio Decisivo cambió su nombre por el de Servidor del Pueblo. No cabe duda de que los dos socios comerciales tenían la intención de pasarse a la política, pero es poco probable que llegaran a imaginar el desenlace de todo aquello.

En 2019 Kolomoyskii había sido destituido de su cargo de delegado del Gobierno en la región de Dnipró, y su banco, el Privatbank, había sido nacionalizado. Él mismo se había visto obligado a exiliarse en el extranjero, así que no es de extrañar que le tuviera cierto rencor al entonces presidente Petró Poroshenko, al que culpaba de todos sus males. Quería vengarse y estaba dispuesto a todo para asegurarse de que Poroshenko no fuese reelegido presidente de Ucrania en las elecciones de 2019.

En mayo de 2018, un año antes de las elecciones presidenciales de 2019, Kolomoyskii se deshizo en elogios a Yulia Tymoshenko, calificándola como la candidata más digna para el cargo de jefa de Estado. Es normal entonces que todo el mundo creyera que Tymoshenko era la apuesta del oligarca para las elecciones presidenciales. Zelenskii, aparentemente, era su segunda opción porque, para él, cualquier candidato era bueno como rival de Tymoshenko en la segunda vuelta, siempre que no fuese Petró Poroshenko.

Al mismo tiempo que Kolomoyskii elogiaba a Tymoshenko, su abogado y confidente, Andrii Bohdan, estaba intentando convencer a Zelenskii de que se presentara a las elecciones presidenciales. Zelenskii no estaba nada seguro, aunque durante el verano no había parado de subir vídeos a las redes sociales en los que bromeaba sobre su posible carrera presidencial. En cambio, en octubre ya estaba claro que el director artístico de Kvartal 95 iba a presentarse a las elecciones presidenciales de 2019. En realidad, Kolomoyskii no estaba arriesgando nada al apostar a la vez por Zelenskii y por Tymoshenko. Sabía que uno de los dos candidatos iba a ganar sí o sí.

La víspera del día de Año Nuevo de 2019 Zelenskii apareció para anunciar su intención de ser el siguiente presidente de Ucrania. Los partidarios de Petró Poroshenko se sintieron ofendidos por el tratamiento que 1+1 hizo del asunto, y se multiplicaron las comparaciones de Kolomoyskii con el malvado titiritero, Karabas Barabas[74], que dejaban a Zelenskii en el lugar del títere obediente. A Kolomoyskii le hacía mucha gracia el símil, pero a Zelenskii le molestaba profundamente.

Pero, en realidad, ¿era justo decir, como hacía Poroshenko, que Zelenskii no era más que un títere de Kolomoyskii? Probablemente era una exageración relacionada con el hecho de que Zelenskii era un novato en política. De hecho, su victoria en las elecciones presidenciales fue algo completamente inesperado para el *establishment* político ucraniano. Zelenskii era el primer presidente en la historia reciente del país que no tenía ninguna experiencia en el campo de la administración pública. De ahí que cobrara fuerza la idea de que Zelenskii no era más que un títere totalmente incapaz de dirigir el país. Y por lógica, si hay un títere, ha de haber un titiritero. ¿Y quién si no Kolomoyskii? Poroshenko trataba de trasladar un mensaje claro: «¿Por qué los agentes del Kremlin y los oligarcas fugitivos se están volviendo locos con estas elecciones presidenciales? Está claro que es porque entienden que están perdiendo el control. ¡Señor Kolomoyskii, debe saber que en Ucrania no vamos a darles ni una oportunidad a las personas como usted!». Parecía que su carrera presidencial fuera contra Kolomoyskii, no contra Zelenskii. Y fue —como ya hemos visto en otro capítulo— un error de cálculo colosal, una estrategia fallida que acabó costándole la presidencia a Poroshenko.

Después de dos años de exilio voluntario en Ginebra y Tel Aviv, Ígor Kolomoyskii regresó a Ucrania el 16 de mayo de 2019,

---

[74] Personaje del cuento *La llave de oro o las aventuras de Buratino* (1936) de Alexéi Tolstói, una versión rusa del clásico italiano de Carlo Collodi *Las aventuras de Pinocchio* (1883). Karabas Barabas es un titiritero malvado, dueño de un teatro de marionetas donde tiene encerrados a varios de los personajes principales del cuento.

unos días antes de la investidura de Zelenskii. Sin duda, debía sentirse como un verdadero triunfador porque su candidato había ganado las elecciones presidenciales. Estaba seguro —como todo el mundo, o al menos como todos los antiguos directivos de Privatbank[75]— de que tenía en el bolsillo al nuevo presidente.

Kolomoyskii, que solía huir de la atención mediática, concedió varias entrevistas tras la victoria de Zelenskii, incluso una de ellas a la revista rusa *РБК*. En conversaciones con los diferentes periodistas, el oligarca ucraniano reflexionaba sobre el futuro del país, comentaba los nombramientos y se refería con insinuaciones a su estrecha relación con el nuevo presidente. ¡Parecía que había sido él el que había sido elegido presidente y no Zelenskii! Kolomoyskii no ocultaba su satisfacción sobre los rumores que lo consideraban «el presidente en la sombra». «¡Estoy encantadísimo!», dijo en una de esas conversaciones sobre la victoria de Zelenskii. ¿Y cómo no iba a estarlo? Su socio comercial había sido elegido presidente del país; su abogado personal estaba al frente de la Oficina del Presidente; el exdirector de Kvartal 95 se había convertido en el jefe del Servicio de Seguridad de Ucrania, y gran parte de los diputados del partido Servidor del Pueblo eran afines a Kolomoyskii. ¡Lo que se dice hacer un pleno!

Al principio de su carrera presidencial, a Zelenskii lo comparaban constantemente con Putin, igual que a Kolomoyskii con Berezovski.[76] Pero las semejanzas son muy superficiales. Si de verdad se parecieran tanto, Kolomoyskii no habría tenido que andar insinuando, entrevista tras entrevista que él era «el presidente en la sombra», el auténtico rey de la selva. Porque el rey simplemente se acuesta a la sombra y espera a que los otros «animales» le traigan su tributo sin necesidad de convencerlos constantemente de que él es el más fuerte, el más sabio y el más ágil… Aquel era un comportamiento extraño para una persona de la influencia de Kolomoyskii. Después de todo, el

---

[75] Kolomoyskii estaba convencido de que su banco, que había nacionalizado el presidente Poroshenko y rescatado el Gobierno de Ucrania, le sería devuelto por el Gobierno de Zelenskii.

[76] Magnate ruso de los medios de comunicación que desempeñó un papel muy importante en la llegada de Putin al poder.

poder —al igual que el dinero— ama el silencio y la discreción. Pero Kolomoyskii es un ejemplo típico de los magnates de las repúblicas soviéticas de los años noventa tanto en su manera de comportarse como en su manera de pensar. Para él, aparecer en televisión jugueteando con un llavero en el que aparece grabado el nombre «Zelenskii» es una forma de simbolizar su fuerza y su omnipotencia, una demostración pública de su poder. *The show must go on.*

Durante los primeros seis meses de la presidencia de Zelenskii, antes de la renuncia de Andrii Bohdan, corrían rumores sobre la increíble sintonía que supuestamente existía entre el presidente y el oligarca. Aunque también sobre la existencia de unas grabaciones en las que se podía escuchar a Kolomoyskii chantajeando a Zelenskii, y en susurros se hablaba de reuniones secretas entre el presidente y el oligarca. Por lo demás, Ígor Kolomoyskii sin duda esperaba que, con la llegada al poder de «su» presidente, el espinoso asunto de Privatbank acabaría resolviéndose a su favor. Entre la primera y la segunda vuelta de las elecciones presidenciales, dijo en una entrevista: «No necesito el Privat, simplemente que me devuelvan dos mil millones y asunto cerrado». Pero durante todo el primer año de su presidencia el equipo de Zelenskii no dio ni un paso para satisfacer los intereses de Kolomoyskii. Es más, ante la insistencia del FMI y a pesar de las miles de enmiendas y negociaciones en los pasillos, la Rada Suprema aprobó una ley que impedía permanentemente que Privatbank volviera a constar en la lista de activos de Kolomoyskii.

Ígor Kolomoyskii no es un hombre acostumbrado a perder. Siempre está listo para plantar batalla…, incluso cuando parece que lo tiene todo en contra. Así que tampoco lo frenó la publicación de ciertos informaciones que afirmaban que el FBI estaba investigándolo por posible lavado de dinero y que había sido declarado *persona non grata* en Estados Unidos. A la hora de proteger sus intereses, Kolomoyskii no tiene escrúpulos, y puede que hasta esté planeando reemplazar de nuevo al presidente. Zelenskii haría bien en recordar la historia del cuchillo y la corbata…, por si acaso.

POROSHENKO DE RODILLAS

Si hace unos años alguien le hubiera dicho a Poroshenko que su principal rival en las elecciones presidenciales de 2019 iba a ser un humorista, se habría reído muchísimo. ¿Quién? ¿Vova Zelenskii? ¿Ese payaso de Kvartal 95? ¿Mi rival? ¡Imposible! Y su sorpresa habría sido aún mayor si alguien le hubiese dicho que perdería las elecciones con un resultado aplastante: 73 frente a 25 por ciento.

Este viejo peso pesado de la política ucraniana no tenía problemas en enfrentarse con su histórica rival, Yulia Tymoshenko, ni con otros posibles oponentes como Yurii Boyko, pero Volodymyr Zelenskii era otra cosa. Poroshenko tenía una larga trayectoria en política y su experiencia le decía que los milagros no existen. Su camino hacia la presidencia había durado dieciséis años. Comenzó en el SDPU;[77] fue uno de los fundadores del Partido de las Regiones; estuvo en la oposición junto a Víktor Yushchenko; fue secretario del RNBO;[78] se vio obligado a dimitir después de una disputa pública con Yulia Tymoshenko; fue nombrado ministro de Relaciones Exteriores en el Gobierno de Tymoshenko y ministro de Desarrollo Económico en el de Azarov, y, por fin, presidente de Ucrania. Todo un gladiador de la arena política. Y durante todo ese tiempo

---

[77] Partido Social Demócrata de Ucrania (por sus siglas en ucraniano).

[78] Consejo Nacional de Seguridad y Defensa (por sus siglas en ucraniano).

Poroshenko había seguido las reglas del juego, y así siguió haciéndolo hasta su derrota en 2019, cuando Zelenskii se saltó por completo el reglamento.

A finales de 2018, en la sede electoral de Petró Poroshenko, todos estaban convencidos de que Yulia Tymoshenko iba a ser su principal rival en las elecciones presidenciales. Así lo reflejaban todas las encuestas. Algunos politólogos habían mencionado la teoría del «Macron ucraniano», porque era obvio que el votante ucraniano reclamaba caras nuevas en política, pero nadie se planteaba que Zelenskii pudiera llegar siquiera a la segunda vuelta de las elecciones presidenciales. Al fin y al cabo, su candidatura solo era oficial desde el famoso discurso de Año Nuevo del 31 de diciembre de 2018.

No obstante, según Roman Bezsmertnii, Poroshenko sí se daba cuenta de las pretensiones de Zelenskii y comprendía su manera de hacer las cosas.

Poroshenko lo caló muy rápido [a Zelenskii] y entendió que Kolomoyskii estaba detrás de todo. Sé de primera mano que, en las conversaciones con su entorno más cercano, él dijo que entendía el resultado y que de hecho lo había previsto mucho antes que el resto. Yo también comprendía algunos aspectos del asunto. Además quiero remarcar que subestimamos las capacidades de los centros de análisis de datos de la administración estatal. Puedo afirmar con seguridad que desde esos centros informaron a Poroshenko de los resultados esperables en las elecciones, incluso con las variaciones posibles en las diferentes regiones del país. Él lo sabía todo. Otra cosa es que, como político que era, no pudiera permitirse el lujo de retirarse. Pero se reunía constantemente con su equipo electoral y con su equipo de la Oficina del Presidente, y hasta se reclutaron a algunos representantes de las nuevas generaciones, con una mentalidad más abierta e «infectados» por el virus de la democracia desde su más tierna infancia… Y profesionales como Yurii Lutsenko, Ígor Hryniv o el mismo Borys Lozhkin. Entre todos tenían bien informado a Petró. Y él los escuchaba, lo sabía todo y lo entendió todo perfectamente. Pero el instinto bestial de este «animal político», en el buen sentido de la palabra, le impidió retroceder.

En opinión de Bezsmertnii, Poroshenko fue el único culpable de la situación en la que se vio porque no fomentaba un ambiente de sana competencia ni permitía que sus colaboradores crecieran políticamente a su alrededor. Según él, Poroshenko no estaba preparado para el relevo generacional.

Serhii Gaidai es un analista y experto politólogo que trabajó una temporada para Poroshenko y fue asesor en la sede electoral de Batkivshchyna.[79] Gaidai afirma que tanto la sede de Poroshenko como la de Zelenskii estaban convencidas de que saldrían triunfadores de la campaña electoral. Gaidai me dijo que Poroshenko estaba convencido de que iba a ganar porque tenía una visión muy peculiar del votante:

> Petró Poroshenko piensa que los votantes son personas con pocas luces y poca memoria a corto plazo, individuos a los que simplemente se les olvidan las promesas electorales de los políticos. Además, está convencido de que los votantes lo único que quieren es escuchar un puñado de mentiras durante la campaña electoral, y de que la propia campaña no es otra cosa que una competición entre mentirosos y el vencedor es el mentiroso más presuntuoso y con más talento. Así que él se dedicaba a interpretar el papel de vendedor de humo.
>
> Una vez me dijo: «Bueno, lo que quiere la gente es escuchar lo que quieren escuchar. Lo que pase después es irrelevante». Me parece normal que la gente se olvide de algunas de las promesas electorales, pero con semejante mentalidad acaba imponiéndose un *modus operandi* lamentable, en el que mentir o incumplir las promesas electorales carece de importancia. Y que me perdonen pero Petró Poroshenko es el mentiroso más grande de Ucrania.
>
> Recuerdo su campaña electoral de 2014: una campaña muy audaz y plagada de mentiras y exageraciones. Poroshenko afir-

---

[79] El partido político liderado por Yulia Timoshenko.

maba que pretendía acabar con el conflicto bélico en un día, máximo dos, y que cada soldado recibiría mil grivnas por combate y un seguro de vida con un capital garantizado de dos millones de grivnas. Prometió que vendería todos sus activos, excepto Canal 5.[80] ¿Qué más prometió? Prometió que establecería un cambio de diez grivnas ucranianas por un dólar norteamericano. Recuerdo que después de asegurar esto en uno de sus mítines, alguien entre la muchedumbre gritó: «¡Venga ya, eso sí que es mentira!». Poroshenko lo señaló con el dedo mientras le decía: «Tú, sí, ¡tú! Apunta lo que digo: un dólar se cambiará por diez grivnas». El ciudadano, todavía incrédulo, preguntó: «Pero ¿cuándo?». Y Poroshenko le respondió: «El 26 de mayo». O sea, le dijo que el cambio iba a producirse el mismo día de las elecciones, nada más ser elegido presidente. Estoy convencido de que no era consciente de que esa forma de pensar era lo que lo estaba llevando al abismo. No era el único factor…, pero sí un factor fundamental.

Resumiendo, en mi opinión Poroshenko veía el poder como un privilegio de los elegidos, que debían usarlo para enriquecerse y entrar a formar parte de una casta escogida.

Desde que Zelenskii se registró como candidato para las presidenciales, el equipo de Petró Poroshenko hizo todo lo posible por llevarlo a un debate público en televisión. Poroshenko es un excelente orador y estaba convencido de que para demostrar su superioridad solo tendía que poner en evidencia a su adversario en el contexto de un debate público. Zelenskii, por su parte, evitaba los platós porque sabía perfectamente que la construcción y el funcionamiento del Estado, igual que los sutiles procesos políticos y socioecómicos, no eran sus puntos fuertes.

A principios de 2019, los estadistas no descartaban que Zelenskii pudiera pasar a la segunda vuelta de las elecciones presidenciales, lo que motivó aún más al equipo de Poroshenko a pedir un debate público. En ese momento, además, el propio

[80] Aunque la mayor parte de la fortuna de Poroshenko proviene de la industria del chocholate y los dulces, abarca la fabricación automotriz de vehículos y autobuses, los astilleros Léninska Kuznya, el canal de televisión Canal 5 y otros negocios.

Poroshenko y su equipo comenzaron a difundir los rumores de que Zelenskii no era más que el títere de Kolomoyskii, de que Kvartal 95 mantenía relaciones estrechas con Rusia y de que, por tanto, la llegada de Zelenskii a la presidencia significaría la victoria del Kremlin.

Por todas las carreteras del país aparecieron carteles publicitarios en los que únicamente podían verse dos fotografías: la de Poroshenko y la de Putin. Una insinuación nada sutil sobre las dos únicas alternativas que al parecer existían para la presidencia de Ucrania. Según Serhii Gaidai, dentro del equipo de Poroshenko también se planteaba la posibilidad de tener que competir con uno de los líderes de la plataforma de oposición ¡Por la vida![81] en la segunda vuelta de las elecciones presidenciales.

Al mismo tiempo, en los medios de comunicación comenzaron a difundirse unos malintencionados rumores sobre la adicción de Zelenskii a las drogas. Le llamaban «mano de Moscú», «marioneta de Kolomoyskii», «yonqui», «payaso». Pero cuanta más presión ejercían sus oponentes y los medios de comunicación afines a estos, más crecía la intención de voto a su favor. En esta tesitura, para los asesores de Poroshenko un debate público aparecía como la única manera de poner freno a la creciente popularidad política del director de Kvartal 95. Estoy seguro de que este fue el principal error estratégico del equipo de Poroshenko, y es curioso porque fue el mismo que habían cometido en su momento los asesores de Leonid Kravchuk y Víktor Yushchenko, que consideraron a sus rivales incapaces de debatir.

Sea como fuere, después de largas negociaciones, el 19 de abril de 2019 —dos días antes de las elecciones presidenciales—, los dos candidatos se midieron por fin en el debate del estadio olímpico de Kyiv. Y las expectativas de Poroshenko fracasaron. A pesar de su inexperiencia y de los varios errores que cometió, Zelenskii estaba bien preparado para el debate, y su larga trayectoria en el escenario de KVN tuvo mucho que

---

[81] Partido político declaradamente prorruso liderado por el amigo y compadre de Putin Víktor Medvedchuk.

ver con su éxito. Consiguió incluso que Poroshenko acabara arrodillándose en el estadio en respuesta a su propia pregunta sobre si Zelenskii estaría dispuesto —en caso de ganar las elecciones presidenciales— a arrodillarse ante Putin. Zelenskii se refiere así a este episodio, en el que el término «arrodillarse» se sacó de contexto:

> En cuanto a lo de arrodillarse, mis palabras se sacaron completamente de contexto. Antes de la guerra, cuando los ciudadanos de Ucrania ya se habían organizado en el Euromaidán y ya había habido bajas civiles, me dirigí a los presidentes de Ucrania y de Rusia. Le dije a Yanukovych: «Por favor, dimita, tiene que hacer algo para desescalar esta situación». También me dirigí a Putin, y le dije: «Estoy listo para arrodillarme, pero no ponga a Ucrania de rodillas».

Poroshenko lo miró incrédulo y dijo: «Ahora yo estoy listo para arrodillarme ante toda madre cuyo hijo no haya regresado de la primera línea del frente; ante todo niño cuyo padre no haya vuelto; ante toda esposa cuyo marido muriera luchando por nuestra patria».

«Es un gesto que merece ser imitado», dijo Zelenskii, y se arrodilló. Poroshenko también hincó una rodilla mientras besaba la bandera ucraniana que sostenía una voluntaria, Tetyana Rychkova, cuyo marido había muerto en 2014 cerca de Yenákiyevo, en el Dombás. Con esta puesta en escena, Zelenskii salió triunfador del debate.

La frase con la que machacó a Poroshenko, «No soy tu oponente, soy tu sentencia», y el lema «En primavera empezaremos a sembrar»[82] —que según Andrii Bohdan era de su propia cosecha— fueron determinantes en el resultado de las elecciones de 2019.

Después de la victoria electoral, ciertas demoras —habituales en los casos de transferencias de poder— hicieron que

---

[82] En ucraniano, juego de palabras basado en la polisemia del término «sembrar», que significa tanto 'cultivar' como 'meter en la cárcel'.

Zelenskii y su equipo creyeran que Poroshenko y su administración estaban retrasando deliberadamente su salida del Gobierno. Y la mayoría de los ucranianos, embriagados por la verborrea de la campaña, parecían estar convencidos de que la administración de Poroshenko estaba compuesta por sus familiares, amigos y socios comerciales, y de que el nepotismo era la raíz de todos los problemas del país. Los votantes reclamaban justicia y querían ver a todos los antiguos altos cargos en la cárcel, pero a pesar de sus promesas electorales el equipo de Zelenskii no satisfizo estas demandas de la sociedad.

¿De verdad Zelenskii quería encarcelar a Poroshenko? Yo creo que sí. Creo que estaba convencido de que esa sería la forma más rápida y eficaz de lidiar con su predecesor en el cargo. No obstante, pronto descubrió que el hecho de ser jefe de Estado no iba a ser suficiente para que todos sus deseos se cumplieran. Por encima de esos deseos, en los países democráticos está la ley, los procedimientos, los órganos de investigación, los tribunales…, una serie de instituciones que Zelenskii, como licenciado en Derecho, debería conocer de sobra. Pero no fue el caso.

Durante su primer año en el cargo, el sexto presidente de Ucrania no cejaba en su empeño de exigir que las fuerzas de seguridad del Estado incoaran procedimientos penales contra Poroshenko y los miembros de su equipo, aunque las fuerzas de seguridad y las instituciones estatales no mostraron demasiado entusiasmo a la hora de cumplir con las órdenes del nuevo presidente. A fin de cuentas, en marzo de 2020 el fiscal general, Ruslán Ryaboshapka —a quien Zelenskii, en su famosa conversación con Trump, había definido como «una criatura cien por ciento suya»— fue destituido del cargo.

El propio Ryaboshapka afirma que su destitución fue el resultado de las intrigas de la entonces directora interina de la Oficina Estatal de Investigación, que fue quien lo sucedió en el cargo.

Algunos documentos relacionados con las causas contra Petró Poroshenko provenían directamente de la Oficina Estatal de Investigación, y su nivel técnico era, por decirlo suavemente, muy bajo. Paralelamente, se habían hecho declaraciones en los medios de comunicación de que la Oficina Estatal de Investigación estaba preparando el proyecto de escrito de acusación contra Poroshenko y de que tenía pruebas suficientes para meterlo en la cárcel por una causa u otra. Y claro, primero llegaban las declaraciones públicas y después la documentación aparecía en la Fiscalía General. El problema fue que, al estudiar esa documentación, pudimos comprobar que los informes eran insuficientes e incompletos. Era una documentación muy pobre, vamos.

Pero al público se le vendió la versión de que la Oficina Estatal de Investigación cumplía con sus funciones a la perfección y de que era la Fiscalía General la que obstaculizaba o incluso frenaba todas las investigaciones. Al final se me acabó la paciencia, me dirigí a la Oficina del Presidente y le enseñé a Zelenskii algunos de los proyectos de acusación que me había enviado la Oficina Estatal de Investigación. Le expliqué los fallos que contenía y le dije que ese documento no soportaría el examen detenido de los abogados defensores: contenía muchísimos errores de interpretación o de aplicación de derecho, incluso errores gramaticales. Entonces Zelenskii le pidió a Venediktova[83] que se uniese a la reunión, y ella, en vez de ayudarme a solucionar los problemas de la documentación, se puso a acusarme de la presunta venta de algunos de los procedimientos penales de la Oficina Estatal Anticorrupción. Sus acusaciones no tenían ni pies ni cabeza, y por supuesto no pudo ofrecer detalles de ninguna de ellas. Nuestra discusión fue subiendo de tono y poco a poco se me hizo patente que ella simplemente quería ofrecerle una visión concreta de mí al presidente para que él se formara una idea errónea. ¿Cuál fue el resultado de esa discusión? Actualmente ella ocupa el cargo de fiscal general. Tenía un motivo importante para preparar esa acusación, sustituirme en el cargo. Es cierto que existía una colaboración estrecha con la Oficina Estatal Anticorrupción en muchos procedimientos relacionados con oligarcas, incluyendo el caso de Kolomoyskii en el asunto de

---

[83] Iryna Venediktova era entonces la directora interina de la Oficina Estatal de Investigación. Actualmente es la fiscal general de Ucrania.

Privatbank. Pero esos oligarcas también se sentían amenazados y también formaban parte de la corte del presidente.

Ruslán Stefanchuk fue quien introdujo a Venediktova en el entorno de Zelenskii. Ruslán es un viejo amigo de Zelenskii y tiene toda su confianza, así que el presidente se la ofreció también a Venediktova, como cuenta Ryaboshapka:

> Ella le ha demostrado y sigue demostrándole [a Zelenskii] su lealtad en todos los sentidos. En cuanto a su capacitación profesional, es evidente que es prácticamente nula. Ella y Zelenskii tienen más o menos el mismo nivel de preparación en Derecho. Todos aquellos que la conocen saben que su nivel —como jurista y como fiscal— es muy bajo. De modo que no puedo explicar su nombramiento como fiscal, excepto por su lealtad a Zelenskii y su cercana relación con Stefanchuk. Bohdan ya dijo —cuando explicó los principios que rigen los nombramientos públicos en la administración de Zelenskii— algo que creo que es aplicable a este caso: cuanto peor, mejor.

Es francamente sorprendente que, a pesar de todas las acusaciones de corrupción que Zelenskii y sus allegados habían volcado sobre Poroshenko y su entorno, nunca se haya podido probar absolutamente nada. Durante la campaña electoral salieron a la luz varias investigaciones que hablaban de tramas corruptas en las que presuntamente estaban implicados los amigos de Poroshenko. Tres años después, Zelenskii no ha sido capaz de cumplir con su promesa electoral de esclarecer los presuntos abusos de poder cometidos por Petró Poroshenko y meterlo en la cárcel.

Actualmente, la Fiscalía General y la Oficina Estatal de Investigación tienen abiertas contra Poroshenko varias decenas de procedimientos penales de la más variada naturaleza, desde incitación al odio por causas religiosas hasta alta traición. Solo falta que el expresidente sea acusado de robar el *Tomos*, de dar órdenes de defender el Dombás durante el verano de 2014 o de enviar a la flota ucraniana a cruzar el estrecho de Kerch en el otoño de 2018.[84] El espectro de las acusaciones contra Poroshenko es amplio y a veces roza lo inverosímil, lo que permite al expresidente burlarse públicamente de la ineptitud del equipo de Zelenskii. En una vista en sede judicial, Poroshenko dijo:

Apreciado Volodymyr Oleksandrovich, nadie le tiene miedo ni en esta sala ni en la calle. Sus órdenes para encarcelarme son manifiestamente ilegales tanto en Ucrania como en el resto del mundo. Una vez más quiero subrayar que yo y mi equipo amamos a Ucrania, respetamos y veneramos la institución de la presidencia y, por tanto, usted no es nuestro enemigo y no ha de temernos. Nuestro enemigo es Putin…, a quien, por cierto, no ha mencionado usted en su intervención.

Una de las causas más estrafalarias abiertas contra el quinto presidente de Ucrania fue la del nombramiento de Serhii Semochko como jefe adjunto de la SZR,[85] en el Juzgado de Primera Instancia del distrito de Pechersk, en Kyiv. Este procedimiento convirtió a Poroshenko en un disidente y mártir del régimen y a Zelenskii en un déspota embarcado en una cruzada injusta e ilegal contra un adversario político. De hecho, la acusación a Poroshenko solo se sostenía en el hecho de que había firmado ciertos nombramientos, lo que entraba perfectamente en el marco de las competencias de su cargo. En todo caso, determinar la constitucionalidad de esos nombramientos habría sido competencia del Tribunal Constitucional, no de la Fiscalía ni de la Oficina Estatal de Investigación, ni tampoco de los investigadores de la Oficina Estatal Anticorrupción.

La inseguridad de los fiscales e instructores por la ausencia de base jurídica de las acusaciones y la falta de pruebas han tenido enfrente las fuertes habilidades oratorias de Petró Poros-

[84] Se alude aquí al incidente del estrecho de Kerch, ocurrido el 28 de noviembre de 2018, cuando una flota ucraniana, que se dirigía de Odesa a Mariúpol, fue atacada por barcos pertenecientes a la Armada rusa. Veinticuatro marineros ucranianos fueron capturados y retenidos durante casi un año.

[85] Servicio de Inteligencia Exterior (por sus siglas en ucraniano).

henko y sus abogados, así como a su absoluta seguridad en su inocencia. De modo que finalmente todo el proceso ha adquirido el cariz de una farsa política. Y los fracasos de Zelenskii y su equipo han obligado incluso a los más furbibundos oponentes de Poroshenko a ponerse del lado del expresidente.

Los días de las comparecencias judiciales, miles de personas se reunían en las puertas del juzgado al grito de «¡Zelya, fuera!».[86] En esa consigna se concentró la rabia que produjo la apertura de todas estas causas penales contra Petró Poroshenko, la indignación de la sociedad por el maltrato que estaba sufriendo aquel que había representado a una parte muy activa de la sociedad, la fuerza motriz del Euromaidán, un hombre que también luchado en el Dombás en 2014. El 8 de julio de 2020, el Juzgado de Primera Instancia del distrito de Pechersk archivó la petición de las medidas preventivas contra Petró Poroshenko en el procedimiento sobre el nombramiento de Serhii Semochko como primer jefe adjunto del Servicio de Inteligencia Exterior.

Otro intento fallido del equipo de Zelenskii de dar con los huesos de Petró Poroshenko en el calabozo tuvo lugar en enero de 2022. A finales de 2021, la Oficina Estatal de Investigación, en coordinación con la Fiscalía General, acusó al quinto presidente de Ucrania de financiación de organizaciones terroristas y de alta traición por haber comprado carbón, presuntamente, a las autoproclamadas Repúblicas de Donetsk y Luhansk. En el caso está acusado también Víktor Medvedchuk, cuya hija mayor es la ahijada de Putin. La Fiscalía insistió en poner a Poroshenko bajo custodia, pero el tribunal rechazó esta petición y se decantó por una medida cautelar que pasaba por la obligación de no abandonar el país y la retirada del pasaporte.

A pesar de estos procesos, es razonable preguntarse si Zelenskii realmente quiere encarcelar a Poroshenko. Porque tener a su oponente en la cuerda floja puede resultarle casi más útil que una condena en firme. En opinión de Zelenskii, Poroshenko en libertad constituye la viva encarnación del poder

---

[86] Diminutivo despectivo de Zelenskii.

criminal del pasado, y no está nada mal poder citar para un interrogatorio en la sede de la Fiscalía General o en los juzgados a la viva encarnación del poder criminal.

El día que Poroshenko entre en la cárcel, inevitablemente habrá manifestaciones masivas de sus partidarios, y no sería raro que desembocaran en un nuevo Euromaidán. Aunque es poco probable que las actuales autoridades ucranianas consigan llevar a cabo siquiera una detención preventiva, y mucho menos meterlo en la cárcel, dada la debilidad de las acusaciones que se han presentado hasta ahora.

Para Poroshenko, la obsesión de Zelenskii es la plataforma perfecta para obtener el mayor beneficio mediático y político. Gracias a sus dotes de oratoria, su dominio de los idiomas y sus profundos conocimientos de diplomacia internacional, el quinto presidente goza de un fuerte apoyo entre los líderes occidentales. Poroshenko es visto dentro de Ucrania como un hábil líder de todas las fuerzas democráticas nacionales y el verdadero contrapeso democrático de Zelenskii.

Aunque suene extraño, Zelenskii y Poroshenko se necesitan el uno al otro. Son los rivales políticos ideales. Si Zelenskii no tuviera un oponente de la envergadura de Petró, sería percibido como una figura patética, y por su parte Poroshenko no disfrutaría de semejante halo de poder y majestad. La confrontación de estos dos hombres parece diseñada para resultar épica, tal y como ocurrió en 2019. Uno de los dos está haciendo todo lo posible por aprenderse el papel de presidente, y el otro no puede desembarazarse de ese papel. Zelenskii y Poroshenko están condenados a enfrentarse al menos hasta que Ucrania tenga un nuevo presidente.

Según Roman Bezsmertnii, la confrontación entre Poroshenko y Zelenskii no es otra cosa que la escenificación del guion del Kremlin. En una entrevista dijo:

El Kremlin siempre intentó promover el enfrentamiento entre Poroshenko y Zelenskii. De no ser así, Zelenskii no incoaría periódicamente estos procesos penales tan absurdos contra Poroshenko. Mire, es que hace nada había por lo menos quince procedimientos abiertos... Pero es siempre así... Cierran algunos, abren otros... En mi opinión, esta actitud demuestra claramente que, desde el círculo más cercano de Zelenskii, hay personas que trabajan para el Kremlin, que promueven desde dentro el discurso del Kremlin y sus intereses.

Tras el comienzo del conflicto bélico entre Rusia y Ucrania, Poroshenko ha afirmado en varias ocasiones que su relación con el actual presidente ha mejorado, que ahora se entienden y están en el mismo equipo.

COLECTIVO ZELENSKII

Después del 15 de enero de 2020, que fue el día en el que se publicó el audio en el que el entonces primer ministro Oleksii Honcharuk se refería a los escasos conocimientos sobre economía de Volodymyr Zelenskii, resultaba evidente que los días de Honcharuk como primer ministro estaban contados.

Por supuesto, los dos viejos amigos se dieron la mano frente a las cámaras de televisión, e incluso parecía que Zelenskii iba a darle a Honcharuk una segunda oportunidad. El primer ministro, con cara de mal estudiante que no se sabe la lección, encajó el rapapolvo público. Parecía que el malentendido entre Zelenskii y Honcharuk había terminado. Sin embargo, a pesar de las declaraciones de ambos sobre la concordia, la amistad y el «chicle»,[87] su tándem político acabó por romperse.

Las encuentas reflejaban un altísimo nivel de desconfianza en el Gobierno de Oleksii Honcharuk. Más del cincuenta por ciento de los ucranianos estaban disconformes con el funcionamiento del gabinete de ministros. Estas cifras impactaban con fuerza en los índices de Zelenskii, y el presidente necesitaba un chivo expiatorio en el que volcar toda esa negatividad. Es cierto que el equipo de Honcharuk cometió muchísimos errores, desde la auto concesión de unos extras que triplicaban su salario base de funcionario, hasta los fallos de comunicación

---

[87] Referencia a un dicho infantil tradicional ucraniano con el que los niños hacen las paces.

con la ciudadanía en el caso de Novi Sanjari,[88] pasando por los recortes presupuestarios y una importante disminución de la producción industrial. Los fracasos del equipo de Oleksii Honcharuk, combinados con la evidente debilidad de Volodymyr Zelenskii, inevitablemente condujeron al Equipo Zeta al fracaso. Solo había una salida posible: la dimisión voluntaria del primer ministro.

El 4 de marzo, la Rada Suprema aceptó la renuncia de Honcharuk y sus ministros. Oleksii no dio explicaciones claras sobre las razones de su renuncia. De hecho, dos días antes el primer ministro había dicho que no tenía intención de dimitir y, en su discurso de despedida en la Rada Suprema, solo se refirió a los logros de su Gobierno y a su propia integridad.

Ese día, el presidente Zelenskii tuvo palabras amables para Oleksii y para su equipo. Dijo que «los chicos y chicas» habían hecho un buen trabajo, pero que lamentablemente no había sido suficiente. En su discurso, se refirió a la necesidad de fichar expertos en aplicar las reformas anunciadas y de conquistar nuevos horizontes. Honcharuk fue reemplazado por Denys Shmygal, cuya experiencia consistía en haber desempeñado durante un mes el cargo de viceprimer ministro en el Gobierno de su antecesor. Aunque es cierto que también fue ministro de Desarrollo Comunitario y Territorial. Y antes había sido jefe de la Administración Estatal Regional de Iváno-Frankivsk y había ocupado diferentes cargos en las empresas del oligarca Akhmetov. Zelenskii confiaba en que el recién nombrado jefe de Gobierno y los quince ministros nombrados el 4 de marzo de 2020 podrían restaurar la confianza del pueblo ucraniano en su equipo. Es difícil entender en qué se basaba el optimismo de Zelenskii porque el equipo de Shmygal resultó ser como un grupo de extraños que se juntan en el mismo vagón de un tren —donde el tren vendría

---

[88] Episodio enmarcado dentro de la crisis de la epidemia de COVID-19, en el que cientos de personas recibieron a pedradas a un grupo de setenta evacuados de Wuhan por temor al contagio. Los wuhaneses habían sido trasladados en autobuses a la pequeña ciudad ucraniana de de Novi Sanjari para someterse a una cuarentena de catorce días en un hospital militar, pero por la mañana un grupo de residentes bloqueó el camino para evitar su circulación.

a ser un Gobierno desplazándose a toda velocidad— y que lo único que desean es poder bajarse lo antes posible de ese vehículo enloquecido.

Dada la precipitación y la falta de previsión en la formación de este nuevo Gobierno, algunos de los puestos clave —los puestos de ministro de Economía, Educación, Cultura, Energía e Industria del Carbón— ni siquiera estaban cubiertos cuando el gabinete fue propuesto para su aprobación en la Rada Suprema. Muchos de los profesionales a los que se les habían ofrecido estos puestos los rechazaron. Pero sí pudimos encontrarnos con algunos nombres conocidos al frente de otros ministerios: Arsén Avákov, por ejemplo, ministro de Asuntos Interiores, que había formado parte de cinco gobiernos en los seis años anteriores. También permanecieron en el Gobierno el ministro de Justicia, Denys Malyuska; el ministro de Infraestructuras, Vladyslav Kryklii, y el ministro de Transformación Digital, Mykhailo Fedorov. Dmytró Kuleba y Vadym Prystaiko intercambiaron ministerios, el primero se convirtió en ministro de Asuntos Exteriores, y el segundo ocupó el cargo de viceprimer ministro para la Integración Europea. El resto eran ministros recién nombrados, pero todos habían estado ya en el poder en los tiempos de Kuchma, de Yushchenko o de Yanukovych y tenían vínculos con los oligarcas ucranianos.

El discurso de Shmygal a propósito de su nombramiento consistió en una serie de generalidades sin mucha coherencia ni sentido. Más que al discurso de un primer ministro parecía que estuviéramos asistiendo al examen oral de un estudiante mediocre. Está claro que pesaba sobre él la experiencia de su predecesor y que trató de elegir cuidadosamente las palabras, pero en conjunto sonó todo muy soso y poco convincente. Su Gobierno estaba formado por un grupo variopinto de personajes, a algunos de los cuales no les importaba poner en riesgo su reputación política, y otros simplemente ya la habían perdido hacía mucho tiempo.

Shmygal, en su cargo de primer ministro, intentó en numerosas ocasiones que la Rada Suprema aprobara su programa de acción de Gobierno, pero, a pesar de que Servidor del Pueblo gozaba de la mayoría parlamentaria, ninguna de sus iniciativas tuvo éxito. La sociedad ucraniana tenía en general la impresión de que el Gobierno de Shmygal era débil e incapaz de responder a los retos que se le presentaban en su día a día. De nada parecían servir las constantes declaraciones públicas sobre medidas revolucionarias para llenar las arcas del Estado, frenar la emigración de los jóvenes a Europa occidental o combatir el paro, como la promesa, en mayo de 2020, de crear medio millón de puestos de trabajo para todos aquellos que se quedaron en el paro durante la pandemia de COVID-19.

La oposición ha hecho correr ríos de tinta para criticar la incompetencia de los miembros del Equipo Zeta, pero se trata de un debate vacío porque prácticamente todo el poder en Ucrania está en manos de Zelenskii. Fue él, y no la mayoría parlamentaria, quien decidió el destino del Gobierno de Honcharuk; fue él, y no la Rada Suprema, quien asignó los sillones de los ministerios en el Gobierno de Shmygal. Ni siquiera existió un conato de debate previo en el Parlamento sobre las candidaturas de los futuros ministros. Era el presidente del Estado, y no el primer ministro, quien asumía la responsabilidad del nombramiento del nuevo gabinete de ministros. En definitiva, los nombres que aparecen en el organigrama ministerial son irrelevantes: el único nombre que importa, por encima del nombre del ministro en cuestión o del ministerio que ocupe, es el de Zelenskii.

La responsabilidad ante el voto de confianza que le ha otorgado el pueblo es sin duda una gran responsabilidad para el presidente. No solo ante los votantes, sino también ante el futuro del Estado. En 2020 el estratega político Serhii Gaidai afirmó que no creía que Zelenskii pudiese ser el canalizador de un cambio, ni a través de sí mismo ni mediante su equipo. Dijo que el presidente Zelenskii no había sido capaz de sacar conclusiones acertadas ni de reaccionar ante los desafíos de su primer año de gobierno. Según Gaidai, Zelenskii se había dejado domar por el sistema, y no veía mucha posibilidad de que esta situación cambiase en el futuro.

Geo Leros, diputado de la Rada Suprema que acusó públicamente a Zelenskii y a su entorno de corrupción y soborno, es más crítico si cabe:

> Zelenskii no tolera crítica alguna. Ocupa una posición que supera su capacidad de entender el funcionamiento del aparato estatal y que está muy por encima de sus conocimientos sobre pensamiento o filosofía política. Desde que empecé a destapar las irregularidades y abusos de poder cometidos por individuos de su entorno más inmediato, he sido tachado de traidor. Pero es que el presidente opina que, aunque haya casos flagrantes de corrupción, si uno de verdad pretende pertenecer al equipo debe guardar silencio al respecto. Esta es la auténica mentalidad de Zelenskii. No tengo ninguna duda de que debería renunciar al cargo de presidente. Ucrania necesita una reformulación completa de sus instituciones políticas, del significado de instituciones como la presidencia, el Parlamento o el gabinete de ministros. Si Zelenskii quiere seguir en política, lo más honesto sería que renunciara al cargo, que reconociera que no ha cumplido sus promesas electorales y, en todo caso, que presentara un nuevo programa para ver si puede conseguir la confianza de los votantes de nuevo.

Esta ha sido la realidad de la política ucraniana hasta febrero de 2022. Nadie sabe que pasará cuando acabe la guerra. Ni siquiera Zelenskii.

SYVOKHO, EL ÍDOLO

En la temporada de 1989 nació una estrella en la Liga Superior de KVN: el jugador del equipo del Instituto Politécnico de Donetsk (IPD) Serhii Syvokho, que entonces apenas tenía veinte años. Era rápido y agudo, y tenía muy buena voz, lo que le permitía parodiar a los ídolos musicales soviéticos del momento: Serguéi Krylov, Vladímir Presnyakov Jr., Serguéi Chelobanov o Mijaíl Shufutinsky. Pero Syvokho no solo destacaba en su equipo, sino también en el gran escenario soviético de KVN. Su equipo llegó dos veces a la final de la competición, aunque nunca logró obtener el título de campeón de la Liga Superior. En 1993, el equipo del IPD se fusionó con otro semifinalista, el equipo de la Universidad Politécnica de Ural, conocido como el Dream Team, pero ni siquiera con estas incorporaciones consiguieron llegar a ser campeones de la liga.

Serhii Syvokho conquistó a la audiencia de la televisión soviética, y en la ciudad de Kryvyi Rig tenía a uno de sus más fervientes seguidores, un niño de once años llamado Volodya Zelenskii. Probablemente, cuando Syvokho fue reconocido como el mejor *showman* de Ostánkino,[89] todavía fuera un ídolo para el joven Zelenskii, igual que lo era para los otros miles

---

[89] La torre de Ostánkino es una torre de telecomunicaciones ubicada en Moscú e inaugurada en 1967. Tiene 540 metros de altura y es la torre más alta de Europa y la cuarta torre más alta del mundo. La torre Ostankino pertenece a la Red de Difusión de Televisión y Radio de Rusia y fue considerada como el centro neurálgico de las comunicaciones de la Unión Soviética.

de adolescentes que participaban en las ligas locales de KVN. Unos años más tarde, Zelenskii y Syvokho se conocieron en persona y acabaron trabajando juntos en la creación de la liga ucraniana de KVN. Y después también colaboraron en diversos proyectos de Kvartal 95, en programas de humor del canal Inter y, últimamente, en la Liga de la Risa.

En las elecciones de 2010, Syvokho apoyó públicamente a Víktor Yanukovych (aunque años después admitió que había sido un error garrafal), pero los caminos profesionales y personales de Zelenskii y Syvokho siguieron cruzándose durante esos años. Antes de las elecciones de 2019, Syvokho trabajaba con el director creativo de Kvartal 95 y era el copropietario y productor de Mega-Radio. La victoria de su colega Zelenskii en las elecciones presidenciales lo animó a entrar en política. Una decisión desafortunada, como el tiempo acabaría probando.

En las elecciones parlamentarias anticipadas de julio de 2019, Syvokho se presentó como candidato a diputado de la Rada Suprema por Servidor del Pueblo en el distrito electoral n.º 49 del Dombás, pero perdió. Durante la campaña electoral, había acompañado a su amigo el presidente en casi todos sus viajes al este de Ucrania. La misión de Syvokho en esos viajes al parecer consistía en tratar de convencer a los habitantes de las zonas en conflicto de que las personas que habían llegado al poder «en el otro lado» (en el Dombás) eran «seres racionales» y que por lo tanto se podía dialogar con ellas. No está muy claro a quién se refería exactamente Syvokho con lo de «seres racionales»: tal vez al exjugador de KVN del equipo del Instituto Politécnico de Donetsk Ismail Abdullaev —que había sido nombrado director del canal de televisión regional Oplot TV tras la proclamación de la República Popular de Donetsk—, o quizá a algún otro indivuo al que conociera personalmente y con el que mantuviera lazos de amistad.

En octubre de 2019, Syvokho fue nombrado asesor personal del secretario del Consejo Nacional de Seguridad y Defensa (CNSD) para la reintegración y restauración del Dombás. El antiguo *showman*, que había residido muchos años en la cuenca del Donetsk, estaba convencido de que poseía los conocimientos y las competencias suficientes para promover un diálogo pacífico con la nueva cúpula política de la región ocupada. Sin embargo, sus primeros pasos en el cargo causaron una ola de indignación entre los veteranos de la guerra ruso-ucraniana y los representantes del sector nacional-democrático. No conviene olvidar que, a pesar de sus buenas intenciones, Syvokho se había formado personal y profesionalmente en Moscú, lo que se reflejaba en sus convicciones políticas y en sus declaraciones. Syvokho consideraba que la guerra en el Dombás era un conflicto interno, que solo encontraría solución mediante el diálogo entre el Gobierno de Ucrania y los cabecillas de las repúblicas autoproclamadas.

El 12 de marzo de 2020, Syvokho inaguró en Kyiv su Plataforma Nacional para la Reconciliación y la Unidad. Después de una breve presentación, se formó a su alrededor una nube de periodistas y veteranos de guerra, que le exigían una respuesta clara a la pregunta de quién había comenzado la guerra en el Dombás. Esta fue la respuesta de Syvokho: «Estamos en guerra, es verdad, pero se trata de una guerra híbrida: es un conflicto interno con una cierta participación de la Federación Rusa». Las palabras del *showman* indignaron a un público que llevaba seis años en guerra con Rusia. Alguien entre la multitud exclamó: «¡Tú sí que eres un idiota híbrido!». Syvokho decidió que había llegado el momento de retirarse, consciente de que era muy posible que ocurriera un incidente, pero al abrirse camino entre los asistentes se tropezó, se cayó al suelo y se levantó torpemente para salir corriendo de la sala.

Para frenar la ola de desaprobación pública, el secretario del CNSD, Oleksii Danilov, se vio obligado a publicar un comunicado en el que desautorizaba a Serhii Syvokho afirmando que ninguno de los once asesores independientes del CNSD tenía autoridad para representar la posición oficial del CNSD como institución estatal y que tampoco estaban autorizados a hacer declaraciones en nombre de la institución.

Mientras tanto, al tiempo que el índice de popularidad de Syvokho caía en picado, Zelenskii no dijo ni una palabra sobre las iniciativas pacificadoras de su viejo amigo. Tal vez porque los ídolos de la infancia son como los peluches favoritos: uno sigue queriendo al suyo incluso cuando está ya completamente desgastado y con una oreja desgarrada.

UN POLÍGRAFO PARA
LOS «SERVIDORES DEL PUEBLO»

Durante la campaña presidencial, Volodymyr Zelenskii no se cansó de repetir que no habría lugar en su equipo para funcionarios corruptos, intrigantes ni demás burócratas inmundos. Todo aquel sobre cuya reputación recayera aunque solamente fuese una sombra de nepotismo sería procesado. Si en el «buen rebaño» apareciera una oveja negra, esa oveja sería repudiada y enviada a prisión. «La ley será igual para todos», prometió Zelenskii.

Pero unos pocos meses después de las elecciones, varios de los «servidores del pueblo» que había fichado Zelenskii ya eran sospechosos del primer caso de corrupción. El 23 de octubre de 2019 la Fiscalía Anticorrupción abrió un procedimiento penal contra catorce diputados de la Rada Suprema por haber recibido sobornos. Once de ellos eran militantes de Servidor del Pueblo. Al parecer, cada uno de los acusados había recibido 30 000 dólares por votar, en el comité de la Rada Suprema, en contra del proyecto de ley sobre transparencia en la evaluación de bienes inmuebles. La ley, efectivamente, no se aprobó.

Davyd Arakhamia, uno de los líderes de Servidor del Pueblo, había prometido que iban a crear un sistema que monitorearía el voto de sus diputados, una especie de Gran Hermano que ayudaría a prevenir mediante algoritmos cualquier intento de corrupción. Pero al final no hizo falta ningún sistema de ciencia ficción para luchar contra la corrupción: la sospecha razonable y la filtración de información en los medios de comunicación fueron suficientes.

Según los autores de aquel proyecto de ley sobre evaluación de bienes inmuebles que finalmente no pudo aprobarse por el voto en contra de los once diputados de Servidor del Pueblo, la nueva ley preveía la destrucción de una red de corrupción creada por el diputado de la Rada Suprema Anton Yatsenko. Pero uno de los «servidores» acusados de aceptar el soborno, el diputado Oleksandr Dubinskii, se empeñó en afirmar que el dichoso proyecto de ley había sufrido las presiones del *lobby* de tasadores de bienes raíces y que solamente supondría la sustitución de un sistema de corrupción por otro. Eso decía Dubinskii para explicar sus reticencias a votar a favor del proyecto de ley.

La Oficina del Presidente propuso resolver esta situación incómoda con un método clásico, el polígrafo, el detector de mentiras de toda la vida. Y se proponía llevar a cabo la prueba sin intervención de los agentes de la Oficina Estatal Anticorrupción ni de la Fiscalía Anticorrupción. Para dar veracidad al proceso, Davyd Arakhamia dijo que el día de la prueba iba a estar presente un testigo que supuestamente habría asistido a la entrega del soborno. Todo un circo que se podía haber evitado fácilmente mediante una simple acusación pública de soborno ante los organismos anticorrupción, sobre todo si existía un testigo.

Al final el asunto quedó en nada: en lugar de una investigación seria y los castigos ejemplares que había prometido el presidente durante su campaña, los «cabecillas» de los dos bandos del partido —Davyd Arahamiya y Oleksandr Dubinskii— se enfrentaron en un plató de televisión con un detector de mentiras de por medio.

Indudablemente esos «servidores del pueblo» habrían podido resolver sus problemas internos sin montar este espectáculo, sin la intervención de un polígrafo, los órganos anticorrupción ni la involucración directa de la Oficina del Presidente. Pero había demasiados factores en juego. Por un lado, la firma de Servidor del Pueblo había juntado bajo un mismo paraguas a colectivos demasiado diferentes, sin una base ideológica ni una trayectoria política común. Además, las malas lenguas acusaban a Ígor Kolomoyskii de haber generado una situación de inestabilidad para desgastar al partido mediante la manipulación del sector de diputados que controlaba él directamente. Pero lo más probable es que la sensación de total impunidad ante el delito, la codicia y la avaricia fuera suficiente para acabar con la honestidad de los diputados recién elegidos. Estamos hablando de un grupo parlamentario de 254 diputados, surgido de un partido de nueva creación y cuyos diputados procedían de diferentes colectivos. Semejante institución estaba condenada a convertirse tarde o temprano en un Titanic.

Al final, Zelenskii se vio obligado a intervenir personalmente en la gestión de un escándalo que había dividido en dos bandos a prácticamente todos los miembros de su partido. El día a día del partido se había convertido en un hervidero de declaraciones dañinas, mutuas acusaciones de corrupción, mentiras y manipulaciones diversas. Estaba de visita en Japón cuando publicó en su página de Facebook un comunicado invitando a todos los miembros de la Comisión Parlamentaria de Finanzas, Gestión Tributaria y Política Aduanera (instituciones formadas en su mayoría por representantes de su propio partido) a someterse al polígrafo. Según el presidente, si se probaba que alguno de los diputados había aceptado un soborno por su voto en la Comisión, los órganos anticorrupción inmediatamente investigarían su caso y se le aplicaría el castigo más severo. Zelenskii prometió que no habría clemencia ni para los «suyos» ni para terceros. ¿Algún problema? Sí, nadie sabía a ciencia cierta a quién se refería Zelenskii cuando hablaba de los suyos ni de esos terceros.

Una de sus principales promesas durante la campaña había sido encarcelar a los funcionarios y políticos corruptos que hubieran disfrutado de los beneficios del poder durante la presidencia de Petró Poroshenko. Sin embargo, a la hora de la verdad, muy pocos han acabado en prisión. Antes del 1 de noviembre de 2019, Zelenskii exigía que toda la fuerza de la justicia que fuera capaz de desplegar el aparato del Estado recayera sobre los sempiternos corruptos que poblaban la administración. Pero menos de un año después de su toma de

posesión, muchos de sus socios políticos y de los militantes de
su partido estaban siendo investigados por corrupción, preva-
ricación o aceptación de soborno. Y sin embargo, por muy inverosímil que parezca, la acusación contra esos once diputados
de Servidor del Pueblo no prosperó. Nadie fue a la cárcel ni
dimitió de su cargo en la Rada Suprema.

Un mes después, la exmilitante de Servidor del Pueblo y
exdiputada en la Rada Suprema Anna Skorokhod reveló que
los diputados que eran militantes del partido del presidente recibían regularmente pagas extra de unos cinco mil dólares. Por
supuesto, todos los diputados, incluido el entonces presidente
de la Rada Suprema Dmytró Razumkov, negaron categórica-
mente esta acusación, pero sus rotundas negativas no lograron
poner fin a los rumores en los pasillos de la Rada, según los
cuales los líderes de los diferentes grupos y comisiones parlamentarias recibían pagas que triplicaban las de los diputados
«rasos».

El presidente puede jurar y perjurar que sus intenciones de
transparencia son auténticas, puede hacer llamamientos generales a la lucha contra la corrupción, pero, aunque hubiera
sido capaz de encarcelar a todos los corruptos vinculados a
sus predecesores —cosa que no ha ocurrido—, con que en su
equipo haya una única persona de reputación dudosa, todas
sus declaraciones serán inútiles y lo único que provocarán será
malestar en los votantes y en la sociedad ucraniana en general.

¿QUIÉN CONVIRTIÓ A ZELENSKII EN UN DROGADICTO?

El 8 de febrero de 2019, durante su campaña, Zelenskii visitó la ciudad de Lviv. En el marco de esa visita estaba prevista la celebración de un concierto benéfico de Kvartal 95. En la entrada al edificio del circo local, donde se celebraba el evento, Volodymyr y su equipo fueron recibidos por los veteranos del conflicto en la zona ATO[90] y miembros de partidos y organizaciones proucranianas que le invitaron encarecidamente a abandonar la carrera presidencial. Alguien entre la muchedumbre gritó: «Vova, hazte una analítica para que el pueblo sepa si te drogas o no. ¡Venga! ¡Si estás limpio no tienes nada que temer!».

Desde entonces ya hubo un nuevo tema candente en el orden del día electoral: la posible drogodependencia de Zelenskii. Mediante el trabajo de expertos en Black PR,[91] una ola de rumores, memes y chistes sobre la presunta drogadicción de Zelenskii inundó las redes sociales. Al poco tiempo, salió a la luz un vídeo en el que el futuro presidente se comportaba de una manera un tanto extraña. Y empezaron a circular también rumores sobre su época de actor: se contaba incluso que, en una ocasión, una

---

[90] La zona ATO (Anti-Terrorist Operation Zone) es un término usado por los medios, el Gobierno ucraniano y la Organización para la Seguridad y la Cooperación en Europa (OSCE) para referirse a los territorios de las regiones del Donetsk y Luhansk bajo control de las fuerzas militares rusas y los separatistas ucranianos.

[91] *Black Public Relations* es la gestión de relaciones públicas para la destrucción de la reputación de una persona, con técnicas que pasan por la exageración, la difusión de rumores, las *fake news* o las simples mentiras.

patrulla de policía había tenido que entrar en su casa para atajar una situación tensa provocada por el consumo de drogas.[92]

El 31 de marzo de 2019, al finalizar la primera vuelta de las elecciones presidenciales, Zelenskii apareció ante los medios de una forma que sorprendió al público. Estaba como ausente, hablaba muy lento y se comportaba de manera muy diferente a como lo había hecho durante la campaña electoral. En las redes sociales lo tacharon inmediatamente de drogadicto. Zelenskii sabía bien que el espinoso asunto de su presunta drogadicción inevitablemente afloraría durante la segunda vuelta y que no habría manera de evitar esas acusaciones. Para intentar controlar los posibles daños, en abril publicó un mensaje dirigido a Petró Poroshenko en el que le solicitaba que se sometiera a un examen médico. Durante el debate en el estadio olímpico le increpó: «Los candidatos han de someterse obligatoriamente a un examen médico para demostrar que no consumen alcohol ni drogas. El país necesita a un presidente sano». Zelenskii sabía que, aunque en realidad el examen médico no era un requisito obligatorio para los candidatos presidenciales, su oponente no podría negarse a hacerse las pruebas sin arriesgarse a perder el apoyo de una parte importante de sus votantes.

En la sede electoral de Poroshenko aceptaron sin pestañear el reto de Zelenskii y le devolvieron el guante con una cita para el 5 de abril en el centro médico del estadio. Sin embargo, a pesar de que había sido el propio Zelenskii el que había exigido que los candidatos se sometiesen a exámenes médicos, el cómico no acudió a la cita. Ese día, en cambio, Poroshenko se sometió a un examen médico y a analíticas de sangre en cuatro clínicas distintas. Por su parte, Zelenskii se dirigió a Eurolab, una clínica privada propiedad de su amigo de la infancia Andrii Palchevskyi. Y allí, aunque parezca mentira, no lo examinó un médico sino un masajista. Por si fuera poco, Vladyslav

---

[92] Es importante comprender el alcance de este tema dentro de la sociedad ucraniana: como en otras antiguas repúblicas soviéticas, la tenencia de drogas para el autoconsumo no está penada en Ucrania, pero existe un gran rechazo social, estigmatización y marginación de los adictos y su entorno.

Kiryakulov, antiguo participante de la edición ucraniana de Master Chef y actor en la serie *Svaty* de Kvartal 95, fue el enfermero que le extrajo la sangre para la analítica.

El equipo de Poroshenko no tardó en acusar a Zelenskii de tratar de evadir un test independiente de alcohol y drogas. Los resultados de las pruebas de Eurolab fueron negativos, sí, pero la fecha que aparecía en los documentos entregados por la clínica era anterior a la fecha en la que, supuestamente, se le habían tomado las muestras a Zelenskii. En su página de Facebook, Zelenskii publicó la foto de un informe con fecha del 2 de abril, cuando la analítica se le había realizado el 5 de ese mismo mes. El equipo electoral le echó inmediatamente la culpa al personal sanitario de la clínica: jóvenes inexpertos que, ante la presión mediática, se habían equivocado al enviar los archivos.

El público pareció tragarse esa excusa, pero quedó en el aire la sensación de que uno de los dos candidatos no había cumplido el trámite con la diligencia debida. Y obviamente, desde la sede electoral de Petró Poroshenko y sus medios de comunicación afines, explotaron al máximo el tema de la presunta drogadicción de Zelenskii.

Un poco después, una de las principales tertulias televisivas del país anunció la inminente participación de un viejo amigo de Zelenskii y antiguo miembro de Kvartal 95, Denys Manzhosov. El anuncio despertó enormes expectativas, pero finalmente Manzhosov no se presentó en el plató ni hizo declaración alguna porque, según dijo después, había recibido numerosas amenazas. Sí apareció en cambio en el programa de Matvey Ganapolsky,[93] que le preguntó si en alguna ocasión había sido testigo de cómo Zelenskii consumía drogas. Manzhosov lo negó enérgicamente: «Esas especulaciones son una estupidez», dijo. El anfitrión pareció sorprendido, como si estuviera esperando otra respuesta. Así que volvió a preguntarle si alguna vez había visto a Zelenskii fumar o inyectarse alguna sustancia, o si creía que todas esas acusaciones carecían de fun-

---

[93] Periodista ucraniano de trayectoria bastante polémica: ha desarrollado la mitad de su carrera profesional en Rusia y su posición ideológica no siempre ha estado clara.

damento, y Manzhosov repitió que, efectivamente, ninguna de esas acusaciones era cierta.

Las declaraciones de alguien que conocía a Zelenskii desde la infancia tal vez tendrían que haber servido para poner fin a las especulaciones sensacionalistas sobre la supuesta dependencia del candidato presidencial, y sin embargo fue entonces cuando la afirmación de que Zelensky era un drogadicto arraigó con más fuerza en la sociedad.

Entre la primera y la segunda vuelta de la campaña presidencial, Poroshenko no se cansaba de repetir en televisión: «No estoy afirmando que Volodymyr Zelenskii sea adicto a las drogas. En absoluto. No tengo ninguna razón para hacerlo. Solamente quiero hacer valer el derecho de los ciudadanos ucranianos a tener garantías plenas de que el futuro presidente y el futuro comandante en jefe del Ejército de Ucrania no es un toxicómano». Y cuanto más repetía Poroshenko que Zelenskii no era un drogadicto, más alto se escuchaba: «Adicto, adicto, adicto…».

Un año después, el 12 de abril de 2020, Rymma, la madre de Zelenskii, dijo que era absurdo que llamaran drogadicto a su hijo, que ni siquiera había fumado tabaco en su vida. Y a los pocos días, en una entrevista para la revista *Apostrof,* Olena Zelenska contó cómo era convivir con las acusaciones constantes de que su marido era adicto a las drogas.

Cuando se repite una y otra vez algo que no es verdad, acaba resultando muy cansino. Y ese hartazgo no solo lo sentimos nosotros, también lo sufren nuestros amigos y conocidos. Incluso a aquellos que inicialmente guardaban silencio y se mantenían al margen de este tema también ha acabado pareciéndoles exagerado. Fijaos que no le pedimos a nadie que nos apoye ni que desmienta esas acusaciones; no apelamos a todos los cantantes y artistas que nos conocen desde siempre para que aboguen por nosotros. La verdad es tan evidente que hasta esos se hartan y no tienen más remedio que decir las cosas como son. Les estamos muy agradecidos por su sinceridad, pero los que más pena me dan son nuestros padres, porque todo esto supone un motivo de preocupación importante para ellos.

Si alguien esperaba que con la victoria de Zelenskii las acusaciones se terminaran, se equivocaba. El 6 de julio de 2020, el periodista prorruso Anatolii Shariy[94] informó en su Telegram de que su equipo había llevado a cabo una operación secreta con el propósito de recoger muestras de orina de Zelenskii en un restaurante de Odesa. Shariy afirmó que, para dilucidar si la muesta contenía rastros de estupefacientes, había solicitado análisis a dos laboratorios, uno en Alemania y otro en Ucrania. Se decía que Shariy había intentado chantajear a Zelenskii con los resultados de esos análisis, pero lo cierto es que nunca salieron a la luz. Y es cierto también que Shariy, desde su canal de Youtube, trataba de desacreditar a Zelenskii por todos los medios, así que no es de extrañar que, con el inicio de la guerra, en Ucrania se bloqueara el acceso a ese canal.

El 25 de febrero de 2022, el segundo día del conflicto, durante una reunión de trabajo del Consejo de Seguridad de la Federación Rusa, Putin se refirió al Gobierno ucraniano como a «una banda de drogadictos y neonazis». En aras de justificar su guerra contra Ucrania, estaba tratando de reavivar el mito de la toxicomanía de Zelenskii. Ojalá el improperio en boca de un tipo como Putin sirva para que el debate sobre la adicción de Zelenskii quede zanjado de una vez por todas.

[94] Periodista, videoblogger y político ucraniano recientemente detenido en la Costa Brava y extraditado a Ucrania.

ZELENSKII EN LOS TIEMPOS DE YERMAK

Durante los años de la presidencia de Leonid Kuchma, una broma habitual en los pasillos era decir que Kuchma trabajaba en la Oficina del Presidente Dmytró Tabachnyk. La importancia del rol que desempeñaba el jefe de la Oficina del Presidente era enorme, como también su afán de controlarlo todo y a todos. Lo mismo se podría decir en el caso de Volodymyr Zelenskii, que actualmente «trabaja para su viejo amigo Andrii Yermak», que como mínimo se siente el vicepresidente de Ucrania.

En 1995, Yermak se graduó en la facultad de Relaciones Internacionales de la Universidad Nacional Tarás Shevchenko de Kyiv, donde también cursó un máster en Derecho Privado Internacional. En ese mismo prestigioso centro educativo cursaron sus estudios otros representantes de la nueva élite de la política ucraniana como Mijeíl Saakashvili, Vasyl Horbal, Vitalii Bala y el que sería quinto presidente de Ucrania, Petró Poroshenko.

Andrii Yermak y Volodymyr Zelenskii se conocieron cuando Zelenskii dirigía el canal Inter, que era cliente del despacho de abogados de Yermak en materia de protección de la propiedad intelectual. El despacho se llamaba Compañía Jurídica Internacional y en su cartera de clientes, además de Inter, estaban Inter Media Group, Disney, Pixar y Universal, entre otros.

A pesar de formar parte del reducido círculo de exalumnos de la Universidad Nacional Tarás Shevchenko de Kyiv,

171

Yermak no se interesó por la política hasta 2019. Desde mayo de 2006 hasta noviembre de 2014 fue ayudante pro bono del diputado de la Rada Suprema por el Partido de las Regiones Elbrus Tedeyev. Todo indica que este cargo lo ejercía solo para mantener el estatus y tener la acreditación de trabajador público, lo que le permitía pasar el tiempo entre los suyos en las colinas de Pechersk, habitadas por los semidioses de la alta política ucraniana.

Al principio de su carrera profesional, Yermak se dedicaba a asesorar legalmente a varias empresas, pero pronto se sintió atraído por la industria cinematográfica e inició una tímida carrera como productor. *Squat32, Pravilo boya (Las reglas de la lucha)* o *Peredchuttya (Premonición)* son algunas de las películas que produjo, aunque con ninguna logró tener verdadero éxito. Por ejemplo, la película ucraniano-eslovaca *Ciara (Frontera)* recaudó unos dos millones de dólares en el extranjero, y en el mercado doméstico solo hizo unos 46 000 dólares de taquilla.[95] Sí, los resultados de Yermak en el mundo del cine fueron modestos, pero esa incursión le permitió conocer a Zelenskii, con quien acabó entablando una sincera amistad. Seguramente al principio ninguno de los dos se imaginaría que esa amistad iba a acabar llevándolos a la arena política.

El 21 de mayo de 2019, Andrii Yermak fue nombrado asesor del presidente bajo el mando del entonces jefe de la Oficina del Presidente, Andrii Bohdan, otro abogado. Bohdan era extrovertido y bromista y estaba convencido de que él era el responsable último de que Zelenskii hubiera llegado a la presidencia. En comparación, Yermak parecía tranquilo, puede que incluso flemático. En cualquier caso, en la Oficina del Presidente supo reconocer claramente cuál era su lugar y no se salía para nada del papel que le había tocado interpretar.

Tal vez por eso, en menos de medio año Yermak se había convertido en la mano derecha de Zelenskii en las negociaciones con Moscú, tanto en materia de intercambio de prisioneros

---

[95] La producción de Andrii Yermak como productor se resume en *Pravilo boya* (2016), *Ciara* (2017), *Squat32* (2019), *Peredchuttya* (2019) y la serie de televisión *Slovania* (2021-).

como en la preparación de la Cumbre de Normandía en París. La política de estilo fiestero de Bohdan fue sustituida por los acuerdos alcanzados en los pasillos, tras las bambalinas de la escena principal, que era el *modus operandi* del nuevo jefe, Andrii Yermak. Roman Bezsmertnii, exrepresentante del Gobierno ucraniano en el Grupo de Contacto Tripartito de Minsk, afirma que el actual jefe de la Oficina del Presidente de Ucrania está bien integrado en el *establishment* ruso y que mantiene contacto estrecho con muchas personas claves en la Administración del presidente de la Federación Rusa, como Dmitry Kozak o Vladislav Surkov.

Además, una investigación de los periodistas del programa *Esquemas* desveló que Andrii Yermak era socio de las empresas afincadas en Ucrania del empresario ruso Rahamim Emanuilov. Interpromfinance Ucrania S. L. y M. E. P. S. L., dedicadas a la consultoría comercial. A su vez, Emanuilov es copropietario de la firma mercantil Interpromorg, una de las firmas fundadoras de Interprombank, cuyo socio mayoritario actual es Valery Ponomarev, miembro del Consejo de Federación de la Asamblea Federal de la Federación Rusa de la región de Kamchatka. Iván Sadchikov, yerno del primer jefe adjunto del aparato gubernamental ruso Serguéi Prykhodko, también figura entre los accionistas de este banco ruso, al igual que Ilham Ragimov y Nikolái Egorov, dos compañeros de la universidad e íntimos amigos de Putin.

Yermak ha contado alguna vez que Emanuilov es un viejo amigo de su padre, de la época en la que su padre trabajaba en la embajada de la URSS en Afganistán. Y que él lo único que hizo fue ayudarle a registrar una empresa en territorio ucraniano y ahí terminó su colaboración. En varias ocasiones ha asegurado que actualmente no tiene relación con el empresario ruso y ha pedido a los periodistas que dejen de buscar esqueletos en su armario. Pero sus explicaciones siguen sin responder a la pregunta principal: ¿cómo un simple abogado se convirtió repentinamente en el primer interlocutor de todas las negociaciones con Moscú?

En otoño de 2019 Yermak protagonizó su primer escándalo político, cuando el Congreso de los Estados Unidos publicó los detalles de una reunión que había tenido con Ígor Nóvikov, ex asesor del presidente de Ucrania. El 14 de septiembre de 2019 tuvo lugar un encuentro con el exrepresentante especial del Departamento de Estado de Estados Unidos, Kurt Volker, y el representante de Estados Unidos para Ucrania, William Taylor. En esa reunión, Yermak y Nóvikov acusaron al entorno del expresidente Poroshenko del asesinato y mutilación de varios de sus familiares en el este de Ucrania. Al final, resultó que los miembros de las dos familias habían estado sanos y salvos todo el tiempo. Pero Yermak negó esta evidencia y acusó al Departamento de Estado de Estados Unidos de proporcionar información confusa y sesgada. Como reza un viejo refrán judío: «Aunque encontremos las cucharitas, el mal gusto no se nos va de la boca»[96].

Unos meses más tarde, en la primavera de 2020, el hermano de Andrii Yermak, Denys, protagonizó otro escándalo relacionado con la corrupción. El diputado de la Rada Suprema Geo Leros publicó un vídeo en el que alguien asombrosamente parecido al hermano del jefe de la Oficina del Presidente prometía a sus interlocutores ayudarlos con empleos dentro de la Administración del Estado a cambio de una generosa suma. En el vídeo —un montaje de cuatro grabaciones fechadas el 20 de agosto, el 16 y el 23 de septiembre, y el 3 de octubre de 2019— se discute el valor en metálico de cada cargo, qué cargos están en oferta y la forma en la que podrá resolverse cada «problema». En esas grabaciones, el presunto hermano de Yermak promete «arreglar» cargos en la Oficina Central de las Aduanas de Kyiv, en el Ministerio de Infraestructuras, en Ukrzaliznytsia[97] y en muchos otros organismos del Estado donde Denys Yermak asegura que puede garantizar puestos

[96] Se trata de un refrán muy conocido en Ucrania, que forma parte del folclore nacional. Se basa en esta historia: tras una cena, los anfitriones no encontraban las cucharitas de plata y acusaron a sus invitados de haberlas robado; estos negaron haber tenido nada que ver y, aunque las cucharillas al final aparecieron, el mal ambiente que había provocado la acusación perduró entre anfitriones e invitados.

[97] Empresa estatal que gestiona la red ferroviaria del Estado.

gracias a los contactos de su hermano en la Oficina del Presidente. Literalmente afirma: «Ahora que viene mi hermano, le acompaño a la calle Bankova, donde hablaremos de todo».

La Fiscalía Anticorrupción, la Oficina Nacional de Anticorrupción y la Oficina Estatal de Investigación empezaron a investigar el caso de Denys Yermak. Su hermano Andrii admitió que la persona que aparecía en ese vídeo era su hermano menor, pero Denys apeló a su estatus de ciudadano libre en un país democrático, sin cargo en la Administración del Estado y con derecho a hablar con quien fuera de lo que fuera desde su cargo de director de la ONG Oficina de Desarrollo Nacional de Ucrania. El 30 de marzo del mismo año, la Oficina Estatal de Investigación inició una investigación contra Geo Leros por la publicación de las grabaciones. El 23 de abril, la Fiscalía Anticorrupción recalificó el caso del hermano del jefe de la Oficina del Presidente, a quien acusó de los cargos de abuso de poder y fraude, y trasladó las acciones siguientes a la Policía Nacional.

A pesar de este escándalo, Andrii Yermak no ha renunciado a su cargo. En cambio, amenazó al diputado Geo Leros y empleó todos sus recursos en tratar de averiguar quién había sido el responsable de la grabación. Zelenskii, a pesar de su promesa electoral de luchar infatigablemente contra la corrupción, no ha reaccionado a este escándalo. En los meses que han pasado desde entonces, Zelenskii solo se ha pronunciado sobre este asunto en una entrevista con *Ukrayinska Pravda*, en la que calificó a Denys Yermak de «parlanchín»:

> E imaginar que le han metido en este embrollo... Es un parlachín, de verdad que solo lo considero un parlanchín, ese es su gran defecto. Él es así, ya sabes..., siempre quiere ayudar de alguna manera. Ahora que estamos en guerra tiene que ir a la zona del frente en el Dombás. Y allá que se va a luchar y a servir como voluntario. Y cuando vuelve se da cuenta de que las cosas no van todo lo bien que deberían en Ukrzaliznytsia, así que enseguida se propone buscar a las personas adecuadas para esos puestos. Bueno..., es que él es así, ¿qué le vamos a hacer?

Y añadió que estaba convencido de que Geo Leros era un estafador. Pero… ¿qué otra cosa podía decir Volodymyr Zelenskii sobre Denys Yermak? No podía admitir la culpa del hermano menor del jefe de la Oficina del Presidente. Sería como admitir que tanto su hermano mayor como él mismo habían protegido las actividades de ese «parlanchín».

A las diez de la noche del 28 de agosto de 2020, un grupo de desconocidos le prendieron fuego al coche de Geo Leros. «Me han quemado el coche, es flipante.», escribió el parlamentario en sus redes sociales. Dos días después, Zelenskii, en su discurso en el Congreso de Servidor del Pueblo, afirmó que algunos diputados habían olvidado la razón por la que habían sido elegidos para formar parte de la Rada Suprema y los denominó «microbios» y «bacterias»: «Estoy convencido de que son tan insignificantes que no podrán desviarnos de nuestro camino hacía el éxito y de que sus nombres nunca entrarán en la historia de nuestro país».

Pero Geo Leros, desde su tribuna en la Rada Suprema, siguió acusando a Zelenskii de encubrir la corrupción. Allí dijo que Iván Bakanov, jefe del Servicio de Seguridad del Estado, controlaba el contrabando y la circulación ilegal de alcohol y estupefacientes en los territorios ocupados de Luhansk y Donetsk. «Señor presidente, usted no está luchando contra el viejo sistema corrupto, más bien se ha fusionado con él. Ha sido usted, con sus propios "microbios y bacterias", quien ha infectado el país, renunciando a la oportunidad de cambiar las cosas a cambio de los sobres de los oligarcas». Estas fueron las últimas palabras de Geo Leros como diputado. Ese día fue expulsado del grupo parlamentario de Servidor del Pueblo y pocos días después lo citaron para interrogarlo en la Oficina Estatal de Investigación por una supuesta deuda con la Agencia Tributaria, mientras Zelenskii lo llamaba corrupto y traidor.

Los portavoces de la Oficina del Presidente insinuaron que los ataques de Geo Leros no eran más que el resultado de las intrigas y confabulaciones del anterior jefe de la Oficina del Presidente, pero Andrii Bohdan negó tener ninguna relación con los vídeos en los que aparecía el hermano pequeño de Andrii Yermak. Y

Geo Leros también tomó distancia con respecto a Bohdan, de quien dijo que no tenía nada que ver con su actividad. En conversación con él, Geo Leros me dijo lo siguiente:

El presidente me llamó estafador por mis críticas a Andrii Yermak en lo referente a la regulación de la guerra en el este de Ucrania. Este episodio ocurrió justo después de que Yermak presentase un proyecto para la creación de un consejo consultivo en el Grupo de Contacto Tripartito de Minsk, que debía incluir a los representantes de la ATO. En cuanto la iniciativa se hizo pública, se manifestó el rechazo de la ciudadanía ucraniana, y al equipo de Zelenskii no le quedó otra que retroceder. En ese momento me destituyeron de mi cargo.

Leros dice que lo que le ha llevado a enfrentarse con su propio grupo parlamentario ha sido su conciencia y su reputación profesional. Él, afirma, no se metió en política por el interés: «No entré en el Parlamento para sacar rédito económico de mis posibles contactos, al contrario, quería hacer algo útil por mis conciudadanos y al final poder mostrarles el resultado».

Geo Leros se ha negado a desvelar quién le proporcionó las grabaciones de las conversaciones del hermano de Andrii Yermak. Insinúa que puede ser que se hicieran en el marco de la investigación de un caso ya archivado. «Tal vez alguien iniciara una investigación bajo secreto de sumario en el marco de la investigación de cierto caso penal que posteriormente quedó sobreseído. Hay que reconocer que es muy inusual que alguien, mediante el uso de dispositivos específicos, decida *motu propio* ponerse a investigar al hermano de la mano derecha del presidente». Leros dice que ha habido acercamientos de la Oficina del Presidente para buscar una solución de esta situación.

Hice públicas las grabaciones del hermano de Yermak igual que hice pública la información sobre las reducciones del impuesto general sobre el valor añadido o las pruebas de que el guardaespaldas de confianza de Yermak tiene aterrorizada a la capital. Pero nadie ha sido despedido. Nadie ha ido a la cárcel.

Estuve esperando medio año a que el presidente se decidiera a encarcelar a alguien. En cambio, sí se ha iniciado un procedimiento penal para acabar con mi carrera política. ¿Qué más pruebas necesitan para demostrar que el presidente Zelenskii es responsable de lo que está sucediendo en Ucrania? Cuando Zelenskii me llama traidor y corrupto, lo hace sin aportar pruebas. Cuando yo califico a su entorno de corrupto, baso mis palabras en pruebas concretas.

Pero volvamos a la carrera política de vértigo de Andrii Yermak. Durante el otoño de 2019 continuó ganando peso dentro del entorno más próximo del presidente Zelenskii y desplazó a Andrii Bohdan a un segundo plano. Poco a poco, Yermak se volvió indispensable para Zelenskii en todos los ámbitos de la vida de este, ya fuera en las negociaciones con Moscú, en la organización de su vida privada o en sus visitas al extranjero.

El punto final de la historia de la lucha entre Yermak y Bohdan por ser la mano derecha del presidente ocurrió durante el viaje de Zelenskii a Omán. El 5 de enero de 2020, el presidente fue visto en la orilla de una playa del océano Índico, aunque en Ucrania nadie tenía ni la más remota idea de que estuviera de viaje. La publicación de las fotos de Zelenskii en el sultanato de Omán causó sorpresa e indignación en la ciudadanía. La Oficina del Presidente se vio obligada a admitir que Zelenskii había viajado a Omán con el objetivo de asistir a una serie de reuniones al más alto nivel. Para probarlo, se publicó una fotografía del presidente de Ucrania con el presidente de la Autoridad de Inversiones de Omán, Abdulsalam al-Murshidi, y el ministro de Relaciones Exteriores del Sultanato de Omán, Yusuf bin Alawi bin Abdullah. Junto a estos jefes de Estado y altos cargos, en la foto también aparecía Andrii Yermak. El mensaje estaba claro: el presidente no estaba de vacaciones, estaba en Omán de viaje de trabajo.

Zelenskii tuvo que regresar anticipadamente a Ucrania a causa del trágico derribo del vuelo de la compañía ucraniana MAU por parte de los iraníes. Pero a pesar de la tragedia ocurrida en Teherán, la gente seguía especulando sobre con quién se había reunido Zelenskii realmente en Omán, y había decenas de teorías al respecto.

Una de las más populares decía que el presidente de Ucrania se había reunido con representantes de la Federación Rusa y que fueron ellos los que hábilmente filtraron en Internet sus fotos en camiseta, zapatillas y gorra de béisbol. Zelenskii llegó a afirmar que el viaje a Omán lo había pagado su esposa, dando a entender que se trataba de unas vacaciones familiares, aunque en ese caso no se entendía qué hacía allí también Andrii Yermak.

El destino de Andrii Bohdan se decidió a la vuelta de ese viaje a Omán. El 11 de febrero de 2020 Bohdan renunció al cargo y lo sustituyó Yermak, que no había tardado en posicionarse como el segundo hombre más influyente del país después de Zelenskii. El equipo de prensa de la Oficina del Presidente constantemente difundía comunicados sobre sus viajes y visitas oficiales, y en todos los medios de comunicación aparecían fotos de Yermak dándole sabios consejos al jefe de Estado.

En agosto de 2020, el periodista Yurii Butusov señaló a Andrii Yermak entre los altos cargos del Estado que podrían haber estado involucrados en la fallida operación contra los «wagnerianos». Según el periodista, treinta y tres empleados de la grupo paramilitar de origen ruso Wagner fueron detenidos en Bielorrusia el 29 de julio.[98] Deberían haber sido juzgados en Ucrania por los crímenes cometidos en el Dómbas, pero la operación se interrumpió para no crear tiranteces con las autoridades del Kremlin en vísperas de una nueva tregua en el este de Ucrania. Durante un año entero, la administración de Zelenskii negó la existencia de ninguna operación especial contra el grupo de mercenarios de Wagner. Sin embargo,

---

[98] El Grupo Wagner es una organización paramilitar de origen ruso. Ha sido descrita tanto como una empresa de contratistas militares privados (similar a la célebre empresa estadounidense Academi, anteriormente conocida como Blackwater), pero también ha sido catalogada como escuadrón secreto de las Fuerzas Armadas rusas, que sirve como fuerzas irregulares en conflictos donde el uso de unidades oficiales podría ser comprometido. Sus ámbitos de actuación conocidos han sido el continente africano, Siria y el este de Ucrania.

cuando un grupo de periodistas de Bellingcat[99] afirmaron que conocían las circunstancias que habían rodeado la detención de los miembros de Wagner, la Oficina del Presidente tuvo que admitir que en efecto había existido tal operación y que en ella habían estado involucradas las fuerzas especiales ucranianas, que estaban preparando la detención de los miembros del grupo de Wagner cuando la operación fue pospuesta por orden directa del propio Zelenskii.

El 17 de noviembre de 2021 Bellingcat publicó un informe sobre la operación Wagner. A pesar de que se trataba de una investigación periodística seria, no aportaba ninguna prueba irrefutable que indicara que Yermak hubiera ofrecido información privilegiada a las autoridades rusas. De todos modos, el exjefe del Departamento de Inteligencia del Ministerio de Defensa, Vasyl Burba, siguió insistiendo en la existencia dentro de la Oficina del Presidente de un topo ruso, que en más de una ocasión habría interferido en las operaciones de las fuerzas especiales ucranianas. Lo más probable es que solo podamos conocer el nombre de este topo cuando acabe la guerra. Si es que existe, claro.

---

[99] Bellingcat es un sitio web de periodismo de investigación fundado en 2014 por el periodista británico Eliot Higgins. Se especializa en llevar a cabo investigaciones basadas en inteligencia de fuentes abiertas sobre zonas de guerra, el incumplimiento de derechos humanos y el submundo criminal. Ha atraído la atención mediática internacional gracias a sus investigaciones sobre el uso de armas en la guerra civil siria, la guerra en el Dombás, la masacre de El Junquito, la guerra civil yemení o el envenenamiento de Skripal.

EL *DREAM TEAM* DE ZELENSKII

El 12 de abril de 2019, entre la primera y segunda vuelta de las elecciones presidenciales en Ucrania, Emmanuel Macron citó a Volodymyr Zelenskii y a Petró Poroshenko en París. Macron y Poroshenko ya se conocían, previamente habían tenido ya numerosos encuentros bilaterales, por lo que la reunión entre los dos presidentes fue percibida por la opinión pública como un suceso ordinario. Pero ese no era el caso de la visita al palacio del Eliseo del novato en política internacional Volodymyr Zelenskii. La reunión entre el actor y el presidente de Francia parecía casi un desafío al sistema.

Los dos finalistas de la carrera electoral ucraniana volaron a París de maneras muy distintas: Zelenskii en un vuelo regular, haciéndose *selfies* con el resto de pasajeros, que los difundían inmediatamente en sus redes sociales. Poroshenko en cambio voló a París en el avión presidencial y al llegar fue recibido con honores por la Guardia Republicana. Zelenskii fue recibido de manera mucho más sencilla e informal.

Durante su reunión con Macron, Zelenskii estaba visiblemente nervioso. Sus gestos, sus movimientos, incluso su expresión facial delataban su inexperiencia; era la primera vez que se reunía con el presidente de Francia. El equipo que lo acompañó a aquella reunión —Ruslán Ryaboshapka, Oleksandr Danylyuk e Iván Bakanov— fue instrumental, junto a

181

su esposa Olena, para ayudarle a comprender los matices de la etiqueta internacional. Ryaboshapka recuerda:

La organización de aquella visita corrió a cargo inicialmente de Danylyuk, y el resto del equipo nos unimos un poco más tarde. Realmente parecía que los franceses estaban muy interesados en celebrar esta reunión, y Macron es uno de los líderes europeos más importantes. Ucrania es uno de los principales socios estratégicos de Francia y había que dilucidar cómo iba a continuar esa colaboración en el caso de que ganáramos las elecciones. Por eso tenía que celebrarse aquel encuentro. Mi tarea se redujo a ayudar a Danylyuk en la preparación de la cumbre. Definimos el formato, los posibles temas de conversación con el presidente francés, y preparamos a Zelenskii para la reunión. Ambas partes nos esmeramos en la preparación de la cumbre y conseguimos que entre Zelenskii y Macron se estableciera una comunicación fluida. Los temas y el enfoque elegidos fueron los adecuados y así nos lo hicieron saber desde la parte de Macron, que en todo momento mostró interés. Las sensaciones posteriores fueron que la reunión había sido muy positiva y constructiva, y todos teníamos la impresión de que la posibilidad de una cooperación exitosa con Francia en un futuro era muy real. Además, Macron y Zelenskii tienen aproximadamente la misma edad y la aventura del ingreso de los dos en política era parecida. Aunque eso era todo lo que tenían en común.

Así que la primera toma de contacto en París fue todo un éxito. Al salir del palacio del Eliseo, un guardia les hizo una foto a Zelenskii y a sus acompañantes, y Volodymyr la publicó en su página de Facebook con una descripción lacónica: *«Dream team»*. Todo parecía perfecto: la amistad de los asistentes al viaje a París parecía que duraría para siempre, y las posibilidades del equipo de Zelenskii se antojaban infinitas. Ucrania esperaba a su Macron. Nueve días después del viaje a París, Zelenskii fue elegido presidente. Después de su nombramiento, Iván Bakanov, su vecino en Kryvyi Rig y amigo desde la infancia, fue nombrado jefe del Servicio de Seguridad de Ucrania. Ruslán Ryaboshapka fue nombrado director adjunto de la Oficina del Presidente, y después fiscal general de Ucrania. Y Oleksandr Danylyuk fue nombrado secretario del Consejo Nacional de Seguridad y Defensa.

Pero cuando «los servidores» se hicieron con el poder absoluto en el Estado, el *Dream Team* comenzó a desmoronarse. El primero en abandonar el equipo de Zelenskii fue Danylyuk, que antes de entrar en el nuevo ejecutivo había sido ministro de Finanzas con Poroshenko. El 27 de octubre de 2019 renunció a su cargo como secretario del Consejo Estatal de Seguridad y Defensa con el argumento de que no sentía que fuera el cargo adecuado para él. Zelenskii en cambio dijo que el secretario estaba enfadado porque no había sido nombrado primer ministro y que por eso había renunciado. En otra ocasión, más adelante. Danylyuk explicó que el verdadero motivo de su renuncia había sido su firme oposición a un posible retroceso en el proceso de nacionalización de Privatbank. Esta actitud no gustó al jefe de la Oficina del Presidente, Andrii Bohdan, que había sido abogado de Ígor Kolomoyskii. Y Zelenskii no hizo ningún esfuerzo por rebajar la tensión e intentar persuadir a Danylyuk de que se mantuviera en el equipo.

Ruslán Ryaboshapka fue el segundo en abandonar el barco. Bueno…, más bien lo echaron. Sí, indudablemente, lo echaron. Era sin duda el miembro con más experiencia de todo el *Dream Team:* doce años en el Ministerio de Justicia durante la época del Gobierno de Azarov;[100] director de la antigua Oficina Anticorrupción, y miembro de la recién establecida Agencia para la Prevención de la Corrupción (NACP). El 29 de agosto de 2019, primer día de funcionamiento de la recién elegida Rada Suprema de Ucrania, fue nombrado fiscal general por unanimidad: recuérdese que Volodymyr Zelenskii lo consideraba «una criatura cien por cien suya» (así se refirió a él en una conversación con Donald Trump). Lo que el presidente esperaba de su fiscal general era la inmediata puesta en mar-

[100] Mykola Azarov fue el primer ministro de Ucrania durante la presidencia de Víktor Yanukovych.

cha de todo tipo de procedimientos penales contra su opositor, Petró Poroshenko, pero el asunto no resultó ser tan fácil ni tan rápido como Zelenskii hubiera deseado.

Y «los servidores del pueblo» no tardaron en registrar en la Rada Suprema un proyecto de moción de censura contra el fiscal general, Ruslán Ryaboshapka. Ese proyecto lo firmaron más de cien diputados de distintos partidos representados en el Parlamento de Ucrania: Servidor del Pueblo, la plataforma de oposición ¡Por la Vida!, Batkivshchyna y el grupo parlamentario Por el Futuro. Y el diputado de Servidor del Pueblo Maksym Buzhanskyi recogió las firmas a favor. Según el preámbulo del proyecto, la principal razón de la propuesta de moción era que «durante más de medio año en el cargo, el fiscal general Ruslán Ryaboshapka no ha avanzado en la investigación de las actividades ilegales de los más altos funcionarios del Estado».

El 4 de marzo de 2020, Ryaboshapka fue destituido. Antes de la votación, el aún fiscal general se dirigió a la sala en tono emotivo: «No me convertí en "servidor" de nadie porque siempre fui, y sigo siendo, independiente. Y a un fiscal independiente no se le puede forzar a actuar, pero se le puede despedir. Quiero que quede claro: me voy para regresar». Cuando terminó de hablar, Ryaboshapka salió de la sala sin responder a las preguntas de los diputados.

Pocas horas antes de esa votación en el Parlamento, Zelenskii había calificado a Ryaboshapka como a «un buen especialista» que, desafortunadamente, «no había sido capaz de conseguir resultados tangibles». Aquel día Zelenskii estaba de visita en la ciudad de Poltava, y desde allí dijo:

Estoy seguro de que van a enfadarse conmigo y me dirán que no se puede destituir de su cargo así como así al fiscal general, y menos después del largo camino que hemos recorrido juntos durante la campaña. Los diputados pueden votar lo que quieran, pero yo tengo una opinión muy simple al respecto: si un funcionario no consigue obtener los resultados que se esperan de él, lo más honesto es que abandone su puesto, sobre todo si ese trata de una persona sincera consigo misma.

Tres meses después, Ryaboshapka manifestó que su destitución no había sido legal. En una entrevista dijo lo siguiente:

> En cuanto a mi opinión sobre cómo fue mi «divorcio» del presidente, tengo sentimientos encontrados y no son precisamente positivos, supongo que es comprensible. Creo que las formas en todo lo que tuvo que ver con mi destitución no fueron dignas de un presidente, el tipo de cosas que no ocurren en países democráticos y civilizados.

Y en una entrevista tiempo después Ryaboshapka me dijo que Zelenskii no entiende el papel que debe cumplir un fiscal general en la administración del Estado.

> No alcanza a entender el sistema de organismos anticorrupción ni las particularidades de su funcionamiento. Es que no entiende ni cómo funciona el sistema de justicia penal. Honcharuk dijo una vez que la cabeza de Zelenskii estaba «nublada» en todo lo referente a la economía... Pues puedo afirmar que, en lo que se refiere a la jurisprudencia, esa niebla es todavía más densa. Hemos intentado luchar contra eso, pero... Durante la campaña tuvimos innumerables reuniones en las que tratamos que entendiera qué organismos había, cómo era su funcionamiento en el día a día y cómo creíamos que deberían funcionar, a qué retos se enfrentaban... Pero lamentablemente, por alguna razón, no era capaz de retener esa información en su memoria.

Apenas once meses después de la elección de Zelenskii, ya no quedaba ni rastro de su *Dream Team*. Únicamente Iván Bakanov, su amigo de la infancia, permaneció a su lado. Zelenskii prescindió de todos los que lo habían aupado al poder, de todos los que le abrieron la puerta de la gran política y de la escena internacional. Ryaboshapka afirma que Zelenskii prescindió del equipo que lo llevó a la victoria en menos de seis meses:

No sé en qué momento cambió de actitud, o puede que fuera su visión del mundo la que cambiase. En mi opinión, cuando se afianzó en el poder y vio que su permanencia en el cargo no estaba amenazada, empezó a deshacerse de los que lo incomodaban o de los que consideraba que no eran lo suficientemente leales. Creo que este proceso comenzó a finales del 2020, cuando ya estaba claro que el grupo parlamentario funcionaba, que gracias a la mayoría absoluta podían hacer cualquier cosa que se propusieran, y que la policía y el sistema judicial estaban en sus manos. No tenía nada que temer.

Según el politólogo Serhii Gaidai, el principal problema de Zelenskii no es su incompetencia, sino no ser consciente de la magnitud de esa incompetencia.

Si Zelenskii fuese consciente de la magnitud de su incompetencia, actuaría de la siguiente manera:
En primer lugar, juntaría a todos los que saben bien cómo funciona el aparato del Estado en Ucrania y cada día, durante una o dos horas, se sentaría a tomar lecciones de esos expertos. Si llegara a entender qué tiene entre manos, es posible que llegara a ser un Zelenskii muy distinto. Yo creo que todavía no es consciente de todo lo que está pasando a su alrededor, ni a nivel local ni tampoco a nivel estatal. Solamente puedo constatar que se ha convertido en otro rehén más del sistema y que es el sistema el que le está dictando las reglas de, por ejemplo, cómo y dónde ha de vivir… Por eso se ha mudado a la calle Bankova. El sistema le ha convencido de que no puede desplazarse sin diez coches de seguridad; el sistema le ha convencido de que es muy cómodo tener una casa de lujo a su disposición, aunque él mismo dijera antes una y otra vez que nunca se mudaría a la calle Bankova. Es importante entender una cosa: se acabó, este no es Goloborodko es solo Zelenskii, un esclavo del sistema, que le dicta cómo proceder, qué hacer en cada situación. Aunque únicamente, antes de pasar a ser un engranaje más, se hubiese interesado por el funcionamiento de este sistema, las cosas serían diferentes y seguramente él estaría actuando de una forma muy diferente.

En segundo lugar, una vez que comprendiera a la perfección el funcionamiento del aparato del Estado, debería haber invitado a expertos ajenos a los órganos estatales, gente incluso que proviniese de otros países, y decirles: «Sé cómo funciona la arquitectura de poder en Ucrania. En su opinión: ¿es un sistema correcto?, ¿es así como debería ser? Porque si partimos de la premisa de que en los últimos treinta años la clase política en Ucrania ha consistido en una panda de individuos corruptos, criminales y sin escrúpulos, ¿cómo podría su trabajo contribuir a la construcción de un país normal y civilizado? Esa gentuza puso en pie un sistema que solamente servía a sus intereses criminales, pero... ¿cómo puedo cambiar todo eso yo ahora?». Por desgracia, ese Zelenskii no existe.

LA ARTÍFICE DE LA CARRERA DE ZELENSKII

El 6 de septiembre de 2003, Volodymyr Zelenskii, acompañado de sus padres y sus amigos de toda la vida —Oleksandr Pikalov, Serhii Shefir, Yurii Koryavchenkov y Olena Kravets—,
se presentó en la casa de Olena Kiyashko en Kryvyi Rig
Zelenskii vestía traje claro y corbata, llevaba un ramo de flores
en la mano y parecía estar listo para la ceremonia de boda. El
noviazgo de más de ocho años con su compañera del colegio
Número 95 de la ciudad de Kryvyi Rig estaba culminando y
empezaba una nueva etapa en la vida de la joven pareja. A sus
espaldas quedaban decenas de viajes juntos a conciertos y fes-
tivales de KVN, risas, fiestas…, y también algunas separacio-
nes temporales. Les esperaba una vida juntos, la conquista del
mundo del espectáculo y el estatus de primera pareja de Ucrania. Estoy convencido de que si hace diecisiete años alguien le
hubiera dicho a Olena que su marido iba a ser presidente de
Ucrania y ella primera dama, no se lo habría creído. En 2003
todo eso no era más que una utopía.

A pesar de que Volodymyr y Olena habían estudiado en el
mismo centro escolar y eran del mismo curso, no se conocieron
hasta después de haber acabado el colegio,[101] cuando él estaba
estudiando Derecho en el Instituto de Economía de Kryvyi

---

[101] En Ucrania no hay división entre educación primaria, secundaria y bachillerato. Existe
un ciclo formativo obligatorio de doce años y lo más habitual es empezarlo y acabarlo en el
mismo colegio.

Rig y ella Arquitectura en la Universidad Estatal. Oleksandr Pikalov, amigo de infancia de Zelenskii y uno de los actores de Kvartal 95, cuenta que el primer encuentro de la pareja no fue casual, sino el resultado de un plan que habían hecho ellos dos: Oleksandr le pidió a Olena una película, una cinta de vídeo, pero fue Zelenskii quien se la devolvió unos días más tarde. Ahí empezaron a hablar y a conocerse y la cosa culminó en una relación de ocho años y un matrimonio. Aunque según Olena Zelenska todo fue mucho más fácil: conoció a su futuro marido por casualidad, en la calle, estando cada uno con su respectivo grupo de amigos. «Vivíamos en el mismo barrio, solíamos saludarnos y, poco a poco, entablamos una relación más estrecha que al final acabó en noviazgo. Al principio yo no estaba interesada, pero él se salió con la suya».

Olena Kiyashko se graduó en Arquitectura con Diploma Rojo,[102] aunque no ejerció ni un solo día como arquitecta, al igual que Zelenskii tampoco ejerció el derecho. Los dos tenían un interés en común: KVN. Él se convirtió en director artístico de Studio Kvartal 95, y ella en una de las principales guionistas de la productora; entre otros, Vecherniy Kvartal y Zhenskyi Kvartal.[103]

En 2005 nació la primera hija de Olena y Volodymyr, Oleksandra, y en 2013 el pequeño, Kirill. Madre e hija fueron bautizadas el mismo día, y sus padrinos fueron Olena Kravets, amiga de infancia de Zelenskii, y su marido, Serhii. Hoy los hijos de Zelenskii y Olena estudian en Novopecherska, una escuela privada de élite.

La hija de Zelenskii participó en el programa *Haz reír al cómico* y también en una película.[104] En 2016, donó a la caridad las cincuenta mil grivnas que había ganado con sus intervenciones

---

[102] Así se llama en Ucrania el diploma de graduación con honores en estudios superiores, que se entrega a los mejores estudiantes de cada promoción. El distintivo con cubierta de color rojo proviene de los tiempos de la Unión Soviética.

[103] «Kvartal de Tarde» y «Kvartal Mujer» son dos proyectos de Studio Kvartal 95 que se estrenaron en *prime time* en Inter y que después pasaron a Canal 1+1.

[104] Programa televisivo de Studio Kvartal 95 en el que participan como miembros de jurado los propios cómicos de la productora. Zelenskii ha formado parte de ese jurado en varias ediciones del programa.

en algunos de los proyectos de su padre. Según cuenta Zelenskii, la participación de su hija en el programa fue una sorpresa para él, que en general estaba totalmente en contra de que los hijos de los actores aparecieran en los programas. Cuando su mujer y su hija le preguntaron si esta última podía actuar, les dijo que de ninguna manera, así que Olena y Oleksandra fingieron aceptar la situación para conseguir que Volodymyr bajara la guardia. A Oleksandra la ayudaron a prepararse para esa actuación su madre y uno de los amigos de Zelenskii.

En cambio, antes de la victoria de Zelenskii en las elecciones presidenciales, Olena para sí misma prefería el anonimato y estaba totalmente en contra de la candidatura de su marido para la presidencia de Ucrania. En una entrevista con *Vogue*, en noviembre de 2019, decía:

No soy un personaje público, pero esta nueva realidad que estamos viviendo nos dicta unas reglas nuevas y yo hago todo lo que está en mi mano por cumplir las expectativas que se han depositado en mí. Mentiría si dijese que la popularidad o la relación con la prensa supone un estrés para mí… No es así, pero me siento mucho más cómoda detrás. Mi marido es el que siempre está en primera fila, en el podio, y a diferencia de él yo me encuentro mucho más cómoda en la sombra. Nunca soy el centro de la fiesta, no me gusta contar chistes, simplemente no va conmigo, con mi manera de ser. Pero últimamente intento encontrar argumentos para ser más mediática, y uno de ellos consiste en la posibilidad de atraer la atención de la gente hacia asuntos sociales relevantes. Ahora bien, bajo ningún concepto nada de esto es aplicable a mis hijos: hasta ahora no he publicado fotos suyas en las redes sociales y tampoco pienso hacerlo ahora.

Cuando Zelenskii fue elegido presidente, su esposa era titular *de iure* del 0,01 por ciento de Studio Kvartal 95 LLC, y del 25 por ciento de Zelari Fish LLC, una sociedad que, según su CNAE registrado, se dedica a procesar y enlatar pescado, crustáceos y mariscos. También es accionista de Aldorante Limited, y titular real de Film Heritage Inc., San Tommaso

SRL. El padre de Olena, Volodymyr Kiyashko, había dirigido Kryvorizhmonolitbud LLC y Technoimpulse LLC, empresas fabricantes de estructuras metálicas para la construcción y soluciones de hormigón. Después de la victoria de Servidor del Pueblo en las elecciones parlamentarias de 2019, Kiyashko se convirtió en asistente *pro bono* del diputado de la Rada Suprema Oleg Bondarenko.

Olena Zelenska conocía las fortalezas y las debilidades de su marido mejor que nadie, y por eso precisamente temía que la presidencia podía cambiar su forma de ser, sus relaciones familiares y su vida entera. Hasta el último momento, ella confiaba en que Volodymyr Zelenskii daría marcha atrás y retiraría su candidatura a las elecciones presidenciales. «¿Pero te has vuelto loco?», fueron sus palabras cuando Volodymyr habló con ella por primera vez de su idea de participar en las elecciones presidenciales. Y ella ni siquiera sabía que el 31 de diciembre de 2018 su marido tenía previsto anunciar su decisión de presentarse a las elecciones. En una entrevista para BBC Ucrania, contó que se había enterado al día siguiente por las redes sociales:

Estábamos esquiando en Francia, habíamos ido a pasar la Nochevieja allí, nos tomamos unas copas de champán y nos fuimos a la cama. Por la mañana me encontré un aluvión de mensajes en las redes sociales. Le dije a Volodymyr que podía haberme dicho algo para que fuera haciéndome a la idea. Y su respuesta fue: «¿Ah, no te había dicho nada? ¡Se me habrá olvidado!». Resulta que grabaron el anuncio estando de gira, después de un concierto, y se le olvidó decírmelo. Así que todo aquello fue una sorpresa enorme para mí.

Sea como fuere, aquella Nochevieja la vida de Olena Zelenska cambió para siempre. Se vio obligada a abandonar el anonimato y a ocupar un espacio en la esfera pública. Su primera aparición ante los medios tuvo lugar cuando Servidor de Pueblo registró la candidatura de Zelenskii; luego viajó con su marido a París para la reunión con Macron, y Olena también estaba en el escenario de Parkovi el día del triunfo en las elecciones presidenciales.[105]

Pero Zelenska no ha pisado siempre un camino de rosas... De hecho, su desembarco triunfal en el espacio mediático ha despertado también a los troles en redes sociales y le ha supuesto el acoso de la prensa del corazón y la proliferación de *fake news* relacionadas con ella. Por ejemplo, el 20 de abril de 2020, Myrotvorets afirmó que Olena Zelenska era una «informadora de los grupos armados ilegales», ya que años antes había publicado en su página de Facebook un anuncio, originalmente lanzado por medios de comunicación rusos, que ofrecía una recompensa económica a cambio de información sobre el movimiento de las tropas ucranianas.[106] Olena justificó su comportamiento alegando que en 2014 aún no conocía bien las características técnicas de Facebook y que había publicado ese anuncio precisamente porque se sentía indignada con las acciones de la propaganda rusa. Al día siguiente de que ella diera estas explicaciones, Myrotvorets retiró el nombre de Olena de su «lista negra».

Un mes después, el 20 de mayo de 2020, el día de la investidura de su marido, Olena Zelenska debutó en Instagram luciendo un vestido blanco del diseñador ucraniano Artem Klimchuk. Mucho antes de la victoria de Zelenskii en las elecciones presidenciales, ella había manifestado en diferentes ocasiones su miedo al impacto que el circo de la política podría llegar a tener en su familia, y no se cansaba de decir que ella habría preferido seguir siendo simplemente la guionista de Studio Kvartal 95. No es sorprendente entonces que el día de la investidura no fuera capaz de ocultar su nerviosismo. Sentada en la tribuna de invitados en la Rada Suprema —y flanquea-

---

[105] Se refiere al Centro Internacional de Conferencias Parkovi, en Kyiv, donde se instaló la sede de Servidor del Pueblo durante la noche electoral de 2019.

[106] Myrotvorets ('Pacificador') es una ONG con base en Kyiv que publica en su web una lista actualizada, y en ocasiones información personal, de las personas a las que consideran como «enemigos de Ucrania» o, como en la propia web se afirma, «personas cuyas acciones probadas constituyen crímenes contra la seguridad nacional de Ucrania, la paz y la seguridad del pueblo ucraniano». Tanto la ONU como varios embajadores del grupo de países del G7, la UE y diferentes grupos de Derechos Humanos han solicitado sin éxito el cierre de esta web.

da por los cuatro expresidentes de Ucrania, Petró Poroshenko, Víktor Yushchenko, Leonid Kuchma y Leonid Kravchuk—, tenía una expresión muy seria, como si estuviera despidiéndose para siempre de la posibilidad de llevar una vida tranquila.

Y eso fue exactamente lo que pasó. Desde aquel día, cada aparición pública de Olena ha suscitado intrincados debates en redes sobre su pelo, sus accesorios, su ropa o sus zapatos. Y es curioso porque a la gente no parece importarle lo modesta que sea la primera dama: la opinión general sobre ella depende solo de las acciones, manifestaciones, éxitos o fracasos de su marido. Desde su nueva posición, Olena ha intentado patrocinar la cultura, la educación y el sistema de salud, y se ha esforzado por parecer sincera y abierta, tal y como requiere su nuevo rol. En una entrevista con Dmytró Gordon, Volodymyr Zelenskii dijo que cuando su esposa no está, él se siente como si fuera un minusválido. «Ella cree que la parte sentimental no me afecta, pero se equivoca. Realmente confío en ella y la amo como a mí mismo. Además, cuando tu mujer te da hijos de repente te das cuenta de que amas a esos niños más que a tu vida, ¡y eso es un desastre! No puedo ni imaginar que los pierdo».

Olena, por su parte, evalúa muy modestamente su aportación a la vida de Volodymyr. Según ella, a veces discute con él, otras debaten sobre política y otras lo apoya. Asegura que Volodymyr es un hombre honesto y que es un adicto al trabajo, hasta tal punto que no es capaz de desconectar: «Parece que siempre está de buen humor porque nunca deja de bromear, pero la verdad es que, cuando nos vamos de vacaciones, hasta al tercer o cuarto día no logra relajarse».

El 12 de junio de 2020, la Oficina del Presidente de Ucrania anunció que la primera dama había contraído el COVID-19, y unos días más tarde se supo que el hijo menor de Zelenskii, Kirill, de siete años, también se había contagiado. Justo en esa época empezaron a publicarse en prensa informaciones sobre el supuesto embarazo de Yulia Mendel, la portavoz de la Oficina del Presidente, y sobre su aventura con el presidente. La presión llegó a tal punto que la propia Yulia Mendel se vio obligada a grabar un vídeo en el que negaba la veracidad de todos esos rumores sobre su estado y aseguraba que esas publicaciones malintencionadas casi le habían provocado un infarto a su madre. No podemos saber cuál fue la reacción de Olena Zelenska porque durante casi todo el verano de 2020 se mantuvo lejos de los medios de comunicación.

Olena volvió al espacio mediático acompañando a su marido en la fiesta del Día de Independencia de Ucrania, el 24 de agosto de 2020. A los pocos días, el 28 de agosto, colgó en Instagram la foto de un gato supuestamente descontento con la publicación en redes de ciertas cuentas falsas suyas y en general con las *fake news*. La divertida foto del gato aparecía junto al siguiente texto:

Últimamente me he encontrado con publicaciones o comentarios «míos» en las redes sociales y en Telegram. Entiendo que es algo imparable. Me gusten o no, van a seguir apareciendo. Seguirán apareciendo incluso contra mi voluntad. Pero no quiero que nadie se llame a engaño en relación con estas publicaciones presuntamente «mías». Por eso quiero dejar claro que mis únicas redes oficiales son esta página de Facebook (en la que estáis leyendo esta publicación) y otra en Instagram: @olenazelenska_official. Podréis encontrar información «de primera mano» en estas cuentas. No tengo otras páginas «oficiales», ni ninguna otra cuenta en otra red social, tampoco tengo Telegram ni un canal de YouTube. Si esta situación cambia en algún momento, prometo informaros enseguida. Y, por cierto, a todos mis seguidores en Facebook e Instagram, gracias por estar conmigo.

Sin duda, Olena fue y sigue siendo una artífice importante de la carrera de Volodymyr Zelenskii.

95, EL NÚMERO MÁGICO

Es un dato poco conocido, pero los primeros años de la infancia de Volodymyr Zelenskii transcurrieron en Mongolia, en la ciudad de Erdenet, donde su padre, Oleksandr, que era ingeniero, estaba destinado para la construcción de una planta de procesamiento de minerales. Según su madre, Rima —también ingeniera—, al pequeño Volodymyr le encantaba ser el centro de atención y siempre fue un niño muy querido. Recuerda que, incluso de muy pequeño, en la guardería, sabía cómo congregar a sus compañeros.

En aquellos tiempos, Mongolia era percibida como la decimosexta república de la URSS, aunque oficialmente no formaba parte de la Unión. Moscú ayudaba a la joven república popular a construir su propia economía socialista a cambio de que el acuartelamiento del 39.º Ejército del Distrito Militar de Transbaikal pudiera permanecer en su territorio. La URSS, que se estaba preparando para una posible guerra contra China, necesitaba a toda costa disponer de un trampolín para las tropas soviéticas en el Lejano Oriente. Por eso, durante años, se trasladaron tropas y población civil a Mongolia.

Después de unos años en Erdenet, Volodymyr y su madre regresaron a Kryvyi Rig, pero su padre se quedó largo tiempo en Mongolia. En Erdenet, el futuro presidente de Ucrania había comenzado sus estudios escolares con siete años, y los retomó en el colegio Número 95 —más tarde, gimnasio

Número 95——[107] de Kryvyi Rig, donde lo matricularon en un curso bilingüe en inglés. Volodymyr terminó la educación obligatoria en 1995. Y es curioso que el edificio en el que residía con su familia —conocido en la ciudad como el Hormiguero— también era el número 95. Sí, el 95 iba a acompañarlo a lo largo de toda su vida.

Todos sus profesores, sin excepción, recuerdan a Volodymyr como a un niño muy diligente y muy listo, pero que, por encima de todo, lo que quería era estar en el escenario y sentirse el centro de atención, ya fuera cantando en el coro, formando un grupo de baile, participando en la liga escolar de KVN... Cualquier excusa era buena para formar parte del espectáculo. Aunque también es cierto que sería verdaderamente extraño que alguno de sus profesores dijera algo malo del sexto presidente de Ucrania.

Desde pequeño, Zelenskii hablaba muy bajo (sí, sí..., con ese tono tan reconocible que sigue teniendo hoy), algo que le impediría convertirse en cantante profesional pero que era un rasgo inconfundible, un rasgo que le diferenciaba de centenares de alumnos. En la primera adolescencia su apodo era Hammer, el nombre artístico de un cantante de moda entonces, aunque luego se lo cambiaron por el de Zelenii.[108]

El padre de Zelenskii soñaba con que su hijo fuera un brillante estudiante de ciencias exactas, matemáticas y física, pero Volodymyr sentía inclinación por las ciencias sociales, lo que era motivo de conflictos permanentes entre padre e hijo. Zelenskii recuerda que su padre siempre le regañaba por sus malas notas en matemáticas: «Cada vez que volvía con un cuatro en matemáticas, era día de luto en casa. Pero solo día de luto, no día fúnebre. Los días fúnebres eran cuando sacaba treses».

---

[107] En la década de los noventa, tras la disolución de la URSS, algunos rasgos de la antigua Rusia zarista se recuperaron en la vida cotidiana. Entre ellos, la denominación de los colegios, que pasaron a ser «gimnasios» o «liceos», lo que entroncaba respectivamente con las tradiciones educativas alemana y francesa. En realidad, era una manera de dar mayor prestigio a estas instituciones.

[108] En ucraniano, 'verde'.

En cambio, al futuro presidente de Ucrania le gustaba mucho el baile de salón, enseguida se aficionó al arte y al teatro, y muy pronto también a los concursos de KVN. Con dieciséis años, obtuvo una beca para estudiar en Israel, pero no pudo ir porque su padre se manifestó radicalmente en contra. Años más tarde tampoco iba a poder asistir a la Universidad Estatal de Relaciones Internacionales de Kyiv porque su padre insistió en que debía aspirar a una profesión más práctica, como por ejemplo las de jurista o abogado. Así que el joven Zelenskii empezó sus estudios superiores en la facultad de Derecho del Instituto de Economía de Kryvyi Rig, adscrito a la Universidad Nacional de Economía de Kyiv, donde su padre era profesor. Se graduó en el año 2000 pero, a pesar de la voluntad de su padre, no llegó a ejercer como abogado ni un solo día.

En el colegio Número 95 y en la ciudad de Kryvyi Rig, Volodymyr conoció a sus mejores amigos, Oleksander Pikalov, Serhii Kravets y Denys Manzhosov, entre otros tantos que acabaron también formando parte de Studio Kvartal 95. En el mismo colegio cursaron sus estudios el productor Oleg Chorny y el presentador de televisión Anatolii Anatolich (Anatoly Yatsechko). Qué duda cabe de que Zelenskii se formó entre futuros artistas, en un ambiente bohemio y creativo.

Volodymyr Zelenskii compartía pupitre con Denys Manzhosov. En decimoprimer grado se apuntaron al teatro estudiantil de miniaturas Bezprizornik, del que Oleksandr Pikalov era director artístico. Manzhosov y Zelenskii eran inseparables: los dos estudiaron en la misma facultad, juntos crearon el equipo de Kvartal 95 y juntos montaron la empresa Studio Kvartal 95. Su amistad duró hasta el 2013, año en el que se produjo un desencuentro entre ambos que dura hasta hoy. Nadie sabe qué pasó exactamente porque ninguno ha dado nunca una explicación al respecto, más allá de decir que se trata de un asunto estrictamente privado. En una ocasión Zelenskii dijo sobre este tema: «Realmente no quiero hablar de eso porque es un asunto bastante difícil, que no se asimila fácilmente. En mi vida ya hay estrés de sobra y no quiero estar recordando lo que sucedió en el pasado».

Después de dejar Studio Kvartal 95, Manzhosov fundó su propia agencia de eventos en Kryvyi Rig y se fue a estudiar a Nueva York, donde pasó cuatro años y medio. Hasta el 11 de abril de 2019 no volvió a aparecer en la vida de Zelenskii. Ese día anunció que iba a dar una rueda de prensa con el título de «¿Cómo y por qué se separaron los caminos de Volodymyr Zelenskii y Denys Manzhosov, los mejores amigos de KVN y Studio Kvartal 95?». Pero el amigo de la infancia del presidente nunca llegó a dar esa rueda de prensa. Oleksandr Pikalov y Artem Gagarin, dos buenos amigos de Manzhosov que se encontraban allí, han dicho que Denys recibió una cierta cantidad de dinero, pero no han aclarado por qué motivo ni cuál era el secreto que supuestamente iba a revelar su amigo.

Sea como sea, lo cierto es que Kryvyi Rig y el colegio Número 95 dieron a Volodymyr Zelenskii un extenso grupo de amigos y compañeros, con quienes ha compartido la conquista de la cima del mundo del espectáculo y de la política ucraniana. El 95 parece ser un número mágico para el sexto presidente de Ucrania.

QUIÉN PREDIJO
LA PRESIDENCIA DE ZELENSKII

El 15 de diciembre de 2015, la revista *Ukrainska Pravda* publicó un artículo titulado «Por qué Zelenskii será en el siguiente presidente de Ucrania». Su autor, Víktor Bobyrenko, nacido en la región de Sumy, en el momento de la publicación del artículo, era el jefe de un grupo de expertos de la Oficina de Análisis Político. Este analista fue capaz de predecir con cuatro años de antelación la aparición del partido político Servidor del Pueblo y la futura presidencia de Volodymyr Zelenskii.

Bobyrenko estaba convencido que la victoria de Servidor del Pueblo significaba el inicio de la vuelta al círculo vicioso del paternalismo político en Ucrania. ¡Pero es impresionante la precisión y anticipación con la que Bobyrenko describió lo que iba a ocurrir!

Volodymyr Zelenskii rodará tres temporadas de la serie *El Servidor del Pueblo*, fundará un partido político y prometerá que todo será como en la pantalla. Descubriremos docenas de caras nuevas, algo excitante para una población harta de los mismos rostros habituales de la tertulias televisivas. Estas caras nuevas serán la imagen renovada del poder. Un equipo novedoso que sabe qué quiere oír el pueblo, porque llevan años escribiendo guiones para la serie, así que los guionistas pasarán a formar parte del departamento creativo de la sede electoral de Zelenskii. Kolomoyskii tienen dinero de sobras para dar «nuestra respuesta a Chamberlain» y no olvidemos que, para el oligarca, esto es un asunto de honor y *voilá*, ya tenemos un nuevo presidente.

Quién sabe si Zelenskii fantaseó con ser presidente antes del estreno de la serie *El Servidor del Pueblo* pero es muy probable que se le hubiese pasado por la cabeza. En cambio, el artículo de Víktor Bobyrenko pasó desapercibido hasta que se conoció la abrumadora victoria de Zelenskii y su partido en las elecciones presidenciales y en las parlamentarias.

El politólogo Serhii Gaidai recuerda que, poco tiempo después de la victoria electoral, muchos miembros del equipo legal de Zelenskii le abordaban constantemente para que les aconsejara como crear un nuevo proyecto político.

Yo era amigo de Mykola Katerynchuk desde hacía muchos años y sabía que Studio Kvartal 95 era uno de los clientes de su despacho. Por aquel entonces, Mykola era muy amigo de Zelenskii y varias veces me dijo que sería bueno que nos conociéramos porque entre los *sketchs* de Kvartal había muchas parodias a políticos. Al final no coincidimos nunca, pero un tiempo después me enteré que varios de los abogados que trabajaban con Katerynchuk habían dejado el despacho para montar su propio bufete y proporcionar consejo legal al Studio Kvartal 95. Recuerdo que un día nos reunimos con aquellos «disidentes» y me preguntaron si podía asesorar a un cliente que quería entrar en política, pero que venía de un mundo muy ajeno y no quería que fuera de dominio público. Yo intenté averiguar la identidad del cliente, pero como no me lo dijeron, decidí no aceptar la propuesta de asesoramiento. No tardé mucho en descubrir la cercanía entre estos abogados y Zelenskii: Vadym Galaichuk, el representante de Zelenskii en la CEC, que acabó siendo diputado de la Rada Suprema de Ucrania, y Serhii Nyzhnii, socio gerente de Hillmont Partners.

No me sorprendería que entre los abogados que fueron a pedir asesoramiento a Gaidai se hubiera encontrado otro letrado, Iván Bakanov, (recién nombrado director del Servicio de Seguridad de Ucrania tras la victoria electoral de

Zelenskii). El propio Bakanov reconoció en una entrevista para BBC Ucrania que, en la primavera de 2019, le habían pedido asesoramiento a Gaidai.

En resumen, todo indica que el ingreso en política era un planteamiento del equipo de Zelenskii desde 2015. Para algunos, como Víktor Bobyrenko, no había duda de que Kvartal había sido concebido desde el inicio como una herramienta para destruir a los opositores de Ígor Kolomoyskii.

Había visto dos episodios de la serie *Servidor del Pueblo* y un día escuché decir a un amigo mío que ojalá Ucrania tuviese un presidente así, ahí me di cuenta de que Kvartal se había convertido en el instrumento perfecto para un cambio de régimen en Ucrania. Como psicólogo y experto en el análisis de la toma de decisiones, hice una predicción audaz y —desafortunadamente— no me equivoqué. Algunos me dicen que yo fui su inspiración, pero no estoy de acuerdo. Estoy convencido de que, cuando observaron el éxito arrollador de la serie en Ucrania, se dieron cuenta que Vova era un instrumento que podía ser utilizado para mucho más que simplemente destruir a sus oponentes políticos.

Dice Bobyrenko además que en Ucrania siempre ha habido déficit de políticos honrados, y que esa fue la carta que jugó Volodymyr Zelenskii al interpretar el papel de Vasyl Goloborodko.

Esta estrategia, aparentemente muy simple, funcionó a la perfección precisamente porque nadie ni siquiera el propio Petró Poroshenko, había considerado a Zelenskii como un candidato serio. Acuérdese de cómo Poroshenko había estado enfangado en una lucha por la recogida de basuras con Andrii Sadovii, el alcalde de Lviv, o cómo había malgastado su tiempo en batallas verbales con Yulia Tymoshenko. Hasta la misma Nochevieja del 2019, Poroshenko solo concebía un enfrentamiento con la líder de Batkivshchyna en la segunda vuelta de las lecciones. Pero Ígor Kolomoyskii puso en práctica una jugada política audaz, acompañada por una actitud muy desafiante del propio Zelenskii durante la campaña electoral. Solo hace falta recordar cómo, durante el debate en el estadio, se dedicó a darle palmaditas en el hombro a Poroshenko y a tomarle el pelo con frases del tipo: «Tú, piensa un poquito».[109] Paradójicamente, esta estrategia ha acabado volviéndose en su contra. En menos de un año, se ha vuelto habitual escuchar apelativos como «Bubochka», «Vovochka» o «Zelya» asociados al presidente.[110]

La clarividencia mostrada por Bobyrenko en lo relativo a la presidencia de Zelenskii no ha sido su primer acierto en el campo de la política: en 2011 previó la aparición de una nueva revuelta popular (la Revolución Naranja de 2014) y en 2008, cuando Putin todavía era un personaje popular en Ucrania, no dudó en afirmar que sería el culpable de la pérdida de influencia de la Federación Rusa en Ucrania.

Bobyrenko está convencido de que el siguiente presidente de Ucrania será el antiguo campeón del mundo de boxeo Vitalii Klitschko y así explica por qué:

Para que alguien llegue a ser presidente [en Ucrania], se necesita un consenso entre los oligarcas. Vitalii Klitschko es un tipo inteligente, no es tan agresivo en la política como lo era en el ring y sabe negociar. Y está claro, si en esta negociación están presentes Akhmetov, Pinchuk, Firtash o Avákov… no hay duda de que ellos apostarán por Klitschko. Aunque, ojo, tampoco deberíamos perder de vista al alcalde de Dnipro, Boris Filatov porque tener un mero consenso de oligarcas no va a ser suficiente; va a hacer falta destruir políticamente a Zelenskii y Filatov tiene un talento natural para esta tarea. Me gustaría que

[109] En ucraniano: 'dumai te'. La expresión está compuesta por el verbo 'dumai' (pensar) y la sílaba 'te', un pronombre personal de segunda persona de singular utilizado para referirse a la persona a la que se dirige quien habla o escribe. Cuando se usa la forma 'dumaite', que junta el verbo y el pronombre en una única palabra, se interpreta como un tratamiento de cortesía, respeto o distanciamiento, propio del trato con personas mayores, personas a las que su cargo o rango las hace merecedoras de respeto o personas ajenas a nuestro círculo social o familiar. Zelenskii, en cambio, hace uso del término en la forma separada 'dumai te', que indica un trato mucho más familiar, parecido al que podemos usar con los niños o con gente de nuestro entorno. Zelenskii usó esta expresión constantemente durante la campaña electoral.

[110] Diminutivos cariñosos habitualmente empleados con los niños pero que dirigidos a un presidente adquieren una connotación negativa, en relación con la falta de personalidad y de liderazgo de Zelenskii, su ineptitud y la naturaleza cómica de su presidencia.

se produjera la reencarnación política de Poroshenko, pero creo que hay escasas posibilidades de que esto suceda.

En un par de años veremos si las predicciones de Bobyrenko sobre Vitalii Klitchko son acertadas. A pesar del apoyo electoral del que goza actualmente Zelenskii —como consecuencia de su combativa actitud durante la guerra ruso-ucraniana—, en la política ucraniana pueden cambiar muchas cosas en dos años. No podemos olvidar que también el alcalde de la capital, junto a su hermano Volodymyr, ha estado en la primera línea de combate frente a los invasores rusos. Será lo que Dios quiera, pero al politólogo Víktor Bobyrenko siempre lo recordaremos como aquel que, en el lejano año de 2015, predijo la presidencia de Zelenskii y el triunfo de su partido Servidor del Pueblo. Es una de las pocas personas que, hoy en día, puede decir: «¡Os lo dije!»

UN GAGARIN PARA ZELENSKII

El 25 de octubre de 2020 se celebraron las primeras elecciones locales en las que participó Servidor del Pueblo. Esas elecciones venían a culminar un largo proceso de reformas administrativas pensadas para lograr la descentralización del país. Como resultado, se consolidaron los distritos administrativos, se redujo en un tercio el número de diputados locales y, por fin, los órganos de Gobierno local se convirtieron en los gestores reales de sus propios presupuestos.

Después de dos campañas electorales extraordinarias en 2019, el partido gobernante esperaba obtener otra victoria en las elecciones locales. Sin embargo, a pesar de sus grandes expectativas, Servidor del Pueblo perdió las elecciones locales y las alcaldías en las ciudades más grandes de Ucrania: Kyiv, Dnipró, Odesa, Kharkiv o Lviv. Los «servidores» obtuvieron representación local, pero se quedaron muy lejos del 73 por ciento de los votos que habían conseguido en las elecciones presidenciales, incluso del 43 por ciento de los obtenidos en las parlamentarias. Los barones de Zelenskii se dieron cuenta de que tendrían que compartir el poder en el país con otras fuerzas políticas y líderes regionales. Los tiempos de la mayoría absoluta parecían haber pasado a la historia.

El 25 de octubre, dos semanas antes de las elecciones locales, Volodymyr Zelenskii programa inesperadamente una encuesta nacional con cinco puntos de actualidad, que tendría lugar el mismo día de las elecciones locales. El presidente de Ucrania pretendía convencer así a la población de que valoraba profundamente su opinión. Fue un intento muy poco convincente. En concreto, se preguntaba a los ciudadanos sobre su apoyo o su oposición a las siguientes medidas:

1. Aplicar la cadena perpetua por los grandes delitos de corrupción.
2. Crear una zona económica libre en el Dombás.
3. Reducir el número de diputados en la Rada Suprema a trescientos.
4. Legalizar el consumo del cannabis medicinal.
5. Introducir en la agenda internacional una petición de las garantías de seguridad definidas en el Memorando de Budapest.

Servidor del Pueblo financió esa extraña encuesta, y no es de extrañar que la oposición acusara a Zelenskii de haber organizado un acto electoralista el mismo día de las elecciones. La organización corrió a cargo del presentador y productor musical de Kvartal 95 Artem Gagarin. Sí, sí…, Gagarin. Putin tenía a su Tereshkova y Zelenskii a su Gagarin.[111]

Independientemente de lo que pretendiera Zelenskii con esa maniobra —ya fuera mejorar el índice de aprobación de su partido o asegurarse el apoyo de los ciudadanos para crear una zona económica libre en el Dómbas—, la encuesta fue un rotundo fracaso. La organización fue claramente mejorable; la encuesta en sí suscitó duras críticas por parte de la oposición, y el número de personas que accedió a realizarla resultó insuficiente. Los sondeos a pie de urna no dejaban lugar a dudas: la mayoría de los ucranianos no tenía ningún interés en la encuesta, y un tercio de los votantes simplemente la ignoró. Habida cuenta además de las bajas cifras de participación en las

[111] El autor bromea a propósito de Valentina Tereshkova, la primera mujer que viajó al espacio, en 1963, diputada del partido oficialista Rusia Unida y uno de los principales apoyos de Putin, y Artem Gagarin, el presentador de Kvartal 95, cuyo apellido es igual al de Yuri Gagarin, el primer hombre que viajó al espacio, en 1961.

elecciones —alrededor de un 37 por ciento del electorado—, el índice de participación en la encuesta resultó poco menos que ridículo.

Volodymyr Zelenskii había prometido a los ucranianos que los resultados de esa encuesta permitirían a las autoridades desarrollar los correspondientes proyectos de ley. Pero la maniobra, dirigida por Artem Gagarin y desplegada el mismo día de las elecciones, desacreditó por completo ese formato de democracia participativa. Lo que sí logró la dichosa encuesta fue dejar en el aire ciertas preguntas sin responder: ¿quién era el responsable de realizar una encuesta en los colegios electorales cuanto esa figura no estaba ni siquiera reflejada en la legislación ucraniana vigente?, ¿quién iba a acceder a sus resultados y qué uso haría de esos datos?, ¿qué habría hecho Zelenskii en el caso de que otros partidos se hubieran empeñado en organizar encuestas semejantes? No tenemos las respuestas, pero posiblemente tampoco importe demasiado porque la encuesta apenas llegó a suscitar algún interés, y lo más probable es que nadie la recuerde después de la guerra.

De lo que no cabe duda es de que después de la guerra Zelenskii y Servidor del Pueblo van a tener que cambiar de estrategia porque el país habrá cambiado profundamente.

EL ESPEJO NEGRO DE UN HÉROE

La mañana del 21 de julio de 2020 amaneció cálida y soleada en Kyiv. Nada anunciaba la llegada de una tormenta. La capital afrontaba un día más de confinamiento: el centro de la ciudad estaba desierto, casi sin tráfico, y las madres jugaban con sus hijos en los parques. Zelenskii estaba preparándose para una reunión con la entonces presidenta de la Confederación Suiza, Simonetta Sommaruga. Las banderas de ambos países ondeaban al viento en el patio del palacio Mariinski, la guardia de honor estaba en formación y un pelotón de artilleros se preparaba para disparar veintiuna salvas en honor de tan ilustres visitantes.

Al mismo tiempo, en la ciudad de Lutsk, a cuatrocientos kilómetros de la capital, tenía lugar un acontecimiento dramático. El secuestro de un autobús con trece pasajeros. El autor declaró que aquel era «el día antisistema», mientras esposaba a los rehenes a sus asientos y llenaba el autobús de explosivos. El terrorista, de nombre Maksym Kryvosh (en las redes sociales se hacía llamar Maksym Plokhoy[112]), lanzó un ultimátum público al presidente y al *establishment* político ucraniano: el presidente tenía que grabar un vídeo donde recomendara a sus conciudadanos el documental *Earthlings*,[113] y todos los políticos debían

---

[112] En ruso, 'malo'.

[113] Documental producido y dirigido por Shaun Monson en 2005 que relata las prácticas de maltrato animal en amplios sectores de la industria mundial. Contó con la colaboración de otros activistas por la liberación animal como el actor Joaquin Phoenix y el músico Moby.

publicar una declaración en sus redes sociales afirmando que eran «terroristas dentro de la ley».

El episodio entero guardaba cierta semejanza con el primer capítulo de la serie británica de ciencia ficción *Black Mirror,* que narra el secuestro de la princesa Suzanne y la exigencia del secuestrador por su liberación: que el primer ministro británico tenga sexo en directo con un cerdo. Cuando le trasladaron las absurdas demandas de Kryvosh, Zelenskii, que se encontraba reunido con la presidenta de la Confederación Suiza, no pudo ocultar su nerviosismo y se vio obligado a interrumpir la reunión en varias ocasiones.

El ministro del Interior, Arsén Avákov, el director adjunto de la Oficina del Presidente, Kyrylo Tymoshenko, y los jefes de las fuerzas del orden salieron de la capital para lidiar con la situación y conocer las demandas del terrorista. Sus peticiones resultaban absurdas, lo que llevó a las autoridades a filtrar información sobre un supuesto ingreso en un hospital psiquiátrico, aunque este dato nunca ha podido confirmarse. Lo que sí se pudo comprobar fue que era el autor de un libro titulado *La filosofía del criminal,* que contenía, entre otras, la siguiente tesis:[114]

Intentaron corregir mi comportamiento durante quince años, pero no lo consiguieron. Es más, casi lograron lo contrario, y hoy soy más yo mismo que nunca. ¿Por qué? Porque solo me ocupo de mí mismo y nadie puede decirme lo que tengo que hacer. Solo existe una cosa que no puedo dejar de ser: un criminal. Y puedo permitírmelo porque solo yo decido sobre mi vida y vivo a mi manera.

Durante casi todo el día, la policía trató de convencer a Kryvosh de que liberara a los rehenes, pero él se mostró implacable e insistía en sus exigencias. A las nueve de la noche, Zelenskii publicó un vídeo muy breve en su página de Face-

[114] El texto fue publicado en 2014 bajo el título original філософія злочинця *(Filosofiya zlochyntsya)* e impreso en la imprenta Volyn Polygraph. Según el director de la imprenta, la tirada inicial fueron de cuatrocientos ejemplares que tuvieron una circulación limitada antes de que Kryvosh prohibiera futuras rediciones.

book: «La película de 2005 *Earthlings* es muy recomendable», decía. Antes de publicar el vídeo, el presidente había hablado con Kryvosh durante siete minutos y le instó a que liberara al menos a tres rehenes: una mujer embarazada, un niño y un herido (que al final resultó que no era tal). Media hora después, Kryvosh se entregó a la policía muy tranquilo y sin oponer resistencia. El presidente borró el vídeo de Facebook. A medianoche, el secuestro había concluido, los rehenes habían recuperado la libertad, Kryvosh estaba en un calabozo y el Gobierno, liderado por Volodymyr Zelenskii, había atendido las demandas de un terrorista.

Pero tanto el desarrollo de este episodio como su resolución dejó en el aire muchas preguntas sobre los servicios secretos y los dirigentes del país. En primer lugar, las fuerzas de seguridad ucranianas fueron tachadas de incompetentes, ya que no supieron idear una estrategia para la liberación de los rehenes. En segundo lugar, este secuestro en Lutsk fue el tercer intento de ataque terrorista abortado durante la presidencia de Zelenskii. En las otras dos ocasiones —el 18 de septiembre de 2019 y el 1 de junio de 2020— se habían recibido amenazas de volar el puente del Metro de Kyiv, lo que paralizó la capital. Y a pesar de que en cada caso los terroristas tenían motivaciones muy diferentes, había un elemento común a las tres situaciones: las crisis fueron heroicamente resueltas por el ministro del Interior, Arsén Avákov, y sus subordinados. El *modus operandi* observado tanto en Kyiv como en Lutsk llevó a algunas voces críticas a especular con la posibilidad de que estos «ataques terroristas» no fueran más *performances* para que el ministro Avákov ganara peso y fuera percibido como la segunda persona más importante del país.

Después del episodio de Lutsk, Zelenskii afirmó que, a pesar de su alta posición, él seguía siendo un simple ser humano.

Soy un hombre con principios y, aunque ahora sea presidente de este país, sigo siendo una persona. Gracias a nuestra estrategia, hemos conseguido que todos los rehenes hayan salido vivos de esta situación. Ni yo ni nadie de mi equipo pretendemos ascender en las encuestas a raíz de todo esto, solo estamos luchando para salvar vidas, y para mí eso es lo más importante.

Hay que admitir que Zelenskii hizo todo lo que estaba en su mano por salvar a los rehenes, a pesar de las burlas de sus oponentes, y supongo que eso es lo que se recordará de toda esta historia.

ZVIROBII, FEDYNA Y LA VÍCTIMA

A finales de octubre de 2019, el presidente Zelenskii dio luz verde a un repliegue de las fuerzas ucranianas tras la línea de Zolotoye y Petrivske, en el Dombás. Se trataba de una de las condiciones impuestas por Vladímir Putin para la celebración de un encuentro en París semejante a la cumbre de Normandía.

El 26 de octubre, Zelenskii se reunió en el enclave Zolotoye-4 con un grupo de civiles, a los que arengó al más puro estilo Vasyl Goloborodko. La escena recordaba a muchas de las protagonizadas por el joven Mijaíl Gorbachov, que acostumbraba a detenerse para escuchar a la gente de a pie antes de entrar en los congresos del Comité Central del PCUS. «Nosotros actuaremos desde arriba y vosotros presionad desde abajo», solía repetir el último presidente de la URSS. No sabemos qué pretendía escuchar Zelenskii de los habitantes de Zolotoye, aparte de su rotunda defensa de la existencia del territorio de Novorosiya y de la perentoria necesidad de paz en el Dombás, pero allí estaba él… dando lo mejor de sí mismo.[115] A diferencia de Gorbachov, Zelenskii tuvo que hacer frente a alguna situación desagradable, como el encuentro con los miembros de una unidad de veteranos de los operativos antiterroristas que habían liderado manifestaciones por toda la zona bajo el

---

[115] Novorosiya es uno de los nombres oficiosos que recibe la región del Dombás controlada por las fuerzas rusas, de uso habitual entre la población favorable a la independencia de la región.

lema: «No a la capitulación». Estaban convencidos de que un nuevo repliegue de las fuerzas ucranianas solo complicaría la grave situación en el frente.

No fue un momento fácil para Zelenskii porque algunos de los militares que asistieron al encuentro estaban verdaderamente enfadados. Uno de ellos, un tal Denys, le preguntó si no iba a explicarles su decisión sobre el repliegue en Zolotoye y Petrivske, a lo que el presidente respondió irritado:

Escucha, soy el presidente de este país. Tengo cuarenta y dos años y no soy ningún pringado. He venido hasta aquí para decirte que enfundes tu arma y tú me vienes con reclamaciones. Me gustaría vislumbrar cierta comprensión en tus ojos, pero lo que veo es a un chaval que cree que está hablando con un imbécil al que puede liar.

Definitivamente Zelenskii se puso agresivo para demostrar quién mandaba en el Dombás, pero su comportamiento, su lenguaje y sus gestos parecían forzados. Algo que solo se podía explicar por su inseguridad ante los miembros del estamento militar.

Es posible que esta conversación hubiera pasado desapercibida, pero la historia no terminó ahí. Olena Bilenka, una voluntaria del ejército ucraniano conocida por el seudónimo de Marusya Zvirobii, y Sofiya Fedyna, diputada de la Rada Suprema por el partido de Petró Poroshenko, usaron el vídeo en un directo en Facebook. Durante la emisión —y con un lenguaje bastante directo— comentaron el comportamiento de Zelenskii con los soldados de la ATO. Advirtieron al presidente de que el tono que había elegido para dirigirse a los veteranos no era el más adecuado porque el este de Ucrania era un lugar peligroso en el que podía ocurrir cualquier cosa…, una explosión, un bombardeo o algo peor. Durante el directo, no dudaron en recordar al presidente que no era inmortal: «Vova, escúchame, algún día vas a volar en pedazos al pisar una mina. Déjate caer por allí más a menudo, ya verás… Los chicos no estaban preparados mentalmente para tu visita de hoy, hasta te han tratado de usted. A los hijos de puta como tú hay que matarlos en los lavabos, como decía Putin», dijo Zvirobii.[116]

Cuando se difundió el vídeo, la Fiscalía General de Ucrania y la Oficina Estatal de Seguridad iniciaron un procedimiento para cancelar la inmunidad parlamentaria de Fedyna e incoaron un proceso por infracción de tres artículos del Código Penal de Ucrania: derrocamiento violento del sistema constitucional o toma del poder del Estado (artículo 109, parte 3); atentado contra la vida de un funcionario público (artículo 112), y amenaza o violencia contra un funcionario público (artículo 346), en cuyo marco se autorizó el registro del domicilio de Marusya Zvirobii, donde se encontraron tres teléfonos y dos fusiles de caza. Las dos mujeres fueron citadas para un interrogatorio en la Oficina Estatal de Seguridad porque Zelenskii presentó una querella en la que se presentaba como víctima de las amenazas de Fedyna y Zvirobii.

Hay que decir que el caso de Fedyna y Zvirobii no es un caso aislado en la política ucraniana. Todos los predecesores de Zelenskii hicieron uso en alguna ocasión de las fuerzas del orden para combatir a la oposición y supuestas amenazas terroristas. En 2004 se emplearon en la búsqueda infructuosa del autor del envenenamiento de Víktor Yushchenko. En 2013 unos activistas de Sumy fueron condenados a prisión por la autoría de unas ilustraciones que mostraban a Víktor Yanukovych con un disparo en la cabeza, y en 2016 el activista Yurii Pavlenko fue sentenciado a cuatro años y medio de prisión por romper públicamente un retrato del presidente Poroshenko en una protesta (posteriormente fue amnistiado). Durante la presidencia de Petró Poroshenko, la honorable Fiscalía General informó de la desactivación de dos grupos, supuestos responsables de un intento de golpe de Estado en Ucrania. El primero de ellos —que ya se ha mencionado en estas páginas— estuvo encabezado por el ex presidente de Georgia, Mijeíl Saakashvili. El segundo lo dirigía

---

[116] Zvirobii cita una frase pronunciada por Vladímir Putin en 1999 en Nursultán (capital de Kazajistán, conocida hasta 2019 como Astaná), durante el sangriento conflicto checheno. El presidente ruso aseguraba que perseguiría a los terroristas incansablemente por todo el mundo y que no tendría piedad, que acabaría con ellos en los lavabos si hacía falta.

Nadiya Savchenko[117]. Ninguna de estas acusaciones derivaron en condenas judiciales ni sentencias de ningún tipo.

El 10 de febrero de 2020, el Tribunal de Distrito de Pechersk, en la capital, impuso a Marusya Zvirobii, como medidas cautelares, la prohibición de abandonar la ciudad de Kyiv durante dos meses y la instalación de un brazalete electrónico. Estas disposiciones no fueron renovadas dos meses después, aunque la investigación contra Zvirobii y Fedyna siguió su curso. Todo un culebrón que mantuvo entretenidos a los opositores de Zelenskii durante mucho tiempo.

---

[117] Teniente primero de las Fuerzas Terrestres Ucranianas, condecorada con el título de Heroína de Ucrania en 2015. Fue secuestrada por fuerzas separatistas prorrusas y trasladada a Rusia. Como resultado del intercambio por dos militares rusos, fue liberada en 2016 y se unió al partido de Yulia Tymoshenko, Batkivshchyna, desde donde se ha convertido en una ferviente opositora tanto de Poroshenko como del Gobierno de Zelenskii.

«WAGNERGATE»: UNA HISTORIA CON MUCHAS INCÓGNITAS

En el último año y medio, el escándalo del Wagnergate se ha convertido en el verdadero talón de Aquiles de Zelenskii. Durante todo este tiempo, los dirigentes del Gobierno ucraniano han sostenido diferentes versiones sobre la existencia de una operación de inteligencia cuyo objetivo sería la detención de varias decenas de miembros del Grupo Wagner, una organización paramilitar rusa. En un primer momento se negó la existencia de tal operación; después acusaron al Kremlin de haber orquestado una operación de desinformación, y al final admitieron que sí se había llevado a cabo una acción para detener a un grupo de paramilitares que habían combatido en el Dombás, pero que era una cuestión que afectaba a la seguridad nacional y no podían comentar los detalles. En resumen pasaron de la negación total al reconocimiento, pasando por la indignada acusación a terceros.

Todo comenzó el 29 de julio de 2020. En vísperas de las elecciones presidenciales en Bielorrusia, un grupo de operaciones especiales bielorruso detuvo en un hotel, cerca de Minsk, a treinta y dos trabajadores de la empresa Wagner. Los paramilitares, con experiencia de combate en diferentes partes del mundo —incluido el Dombás— estaban a punto de volar de Minsk a Estambul, y de allí a Venezuela. Según la versión oficial, habían sido contratados para garantizar la seguridad de unas plataformas de petróleo. Más tarde resultó que toda la historia de la contratación en Venezuela había sido un montaje de los servicios secretos ucranianos para poder sacar a los paramilitares de Rusia y detenerlos. La fase final de la operación se aplazó la víspera de la tregua anunciada en el Dombás porque los dirigentes ucranianos no querían arriesgarse a que saltara un conflicto con Rusia en un momento tan delicado.

Durante años, los agentes del Servicio de Seguridad y del Ministerio de Defensa habían recogido documentación y pruebas de la participación de los empleados del Grupo Wagner en la guerra del este de Ucrania. De los treinta y dos detenidos en Bielorrusia, trece eran sospechosos de crímenes de guerra por sus acciones en el conflicto durante los años 2014 y 2015, cuando formaban parte del batallón del escritor ruso Zakhar Prilepin (circunstancia que el propio escritor ha confirmado públicamente).[118] El Servicio de Seguridad Nacional de Ucrania responsabilizó a los paramilitares arrestados del derribo en 2014 del avión IL-76 en el aeropuerto de Luhansk, del asalto al aeropuerto de Donetsk y de haber tomado parte en los violentos enfrentamientos por el control de la ciudad de Debáltseve.

Según el plan desarrollado por los servicios de inteligencia ucranianos, el avión con destino Estambul que transportaba a los paramilitares desde Minsk se vería obligado a llevar a cabo un aterrizaje de emergencia en territorio ucraniano «debido a problemas técnicos». Una vez en tierra, los mercenarios del Grupo Wagner serían arrestados bajo la acusación de crímenes de guerra en relación a sus intervenciones en el conflicto en el este de Ucrania. El problema fue que el plan para detener a los malvados paramilitares rusos —la denominada operación Avenida— fracasó.

Tras la detención de los mercenarios de Wagner llevada a cabo por las fuerzas de seguridad bielorrusas, Zelenskii exi-

---

[118] Zakhar Prilepin (Yevgueni Nikoláyevich Prilepin) es un escritor ruso y líder del partido político Por La Verdad (Za pravdu), que se fusionó con Rusia Unida en 2021. Tras formar parte de las fuerzas especiales de la policía (OMÓN) y participar en la guerra de Chechenia, se dedicó al periodismo y a la literatura. Su novela más conocida, *Patologías* (publicada en España por la editorial Sajalín en 2012), se publicó originalmente en 2005 y está basada en su experiencia en Chechenia. En 2017 se unió a un escuadrón ilegal dentro de las fuerzas armadas de la DNR y ha sido acusado por las autoridades ucranianas de crímenes de guerra y terrorismo.

gió al presidente Lukashenko la extradición de los arrestados a Ucrania. En una entrevista con el periodista Dmytró Gordon, Lukashenko aseguró que así se haría, pero —como suele— no cumplió su palabra. Los paramilitares fueron devueltos a territorio ruso y en Ucrania estalló el escándalo Wagnergate. Tras el fracaso de la operación especial, el jefe del Departamento General de Inteligencia del Ministerio de Defensa de Ucrania, Vasyl Burba, que no ocultó su indignación ante lo ocurrido, fue destituido del cargo junto con otros muchos implicados en los preparativos de la operación Avenida.

La Oficina del Presidente negó durante mucho tiempo la existencia de la operación, incluso cuando sus detalles ya se habían filtrado a la prensa. Tal comportamiento fue interpretado por la oposición y la opinión pública como una prueba de la culpabilidad de Zelenskii y de su equipo por el fracaso de dicha operación. Las malas lenguas afirmaban que Zelenskii y su equipo fueron los responsables de la filtración a los servicios de inteligencia rusos y bielorrusos, y que todos ellos no eran más que marionetas al servicio del Kremlin.

A finales de 2020, algunos miembros de Bellingcat, liderados por el periodista Christo Grozev, iniciaron una investigación sobre este episodio. En el verano de 2021, Zelenskii también habló abiertamente de los detalles de la operación Avenida en una entrevista, mientras que la conclusión de la comisión especial de la Rada Suprema para la investigación del caso Wagner —encabezada por Maryana Bezugla, diputada de Servidor del Pueblo— fue que ni Zelenskii ni Yermak podían ser considerados responsables del fracaso de dicha operación de inteligencia.

Pero el 17 de noviembre de 2021 se publicaron los resultados de la investigación de Bellingcat. Tras un análisis exhaustivo de la cronología de la operación, Bellingcat no encontró evidencia de filtración alguna de secretos a los servicios de inteligencia rusos. Esta había sido la principal razón esgrimida por el Gobierno ucraniano para justificar el fracaso de la operación. Al mismo tiempo, Vasyl Burba, exdirector del Departamento General de Inteligencia del Ministerio de Defensa de

Ucrania, publicó un comunicado conjunto con otros oficiales involucrados en la operación Avenida en el que denunciaron la existencia de un topo ruso dentro de la Oficina del Presidente. Para más inri, y según la investigación del periodista Yurii Butusov —jefe del comité para la Rada Suprema en materia de inteligencia internacional—, Ruslán Demchenko, secretario adjunto del Consejo de Defensa y Seguridad Nacional, había sido identificado como un agente del Kremlin, y Zelenskii y Yermak habían sido directamente responsables de su nombramiento. El presidente de Ucrania respondió a estas acusaciones afirmando que la operación Avenida había sido una iniciativa personal de Burba —una marioneta de Poroshenko, según él— y que su finalidad no era más que la de desprestigiar su propia figura, la de Zelenskii, frente a la comunidad internacional, especialmente frente a Turquía, que era el destino final del avión en el que viajaban los miembros del Grupo Wagner.

No obstante, aunque el Wagnergate despertó pasiones dentro de la sociedad ucraniana y terminó convirtiéndose en un pozo sin fondo del que extraer nuevas acusaciones y sospechas sobre el Gobierno, cuando comenzó la invasión rusa a gran escala pasó a un segundo plano. Los que habían sido acusados de ser agentes del Kremlin, respondieron al desafío de Putin y se unieron en la defensa de la nación ucraniana. Y aquel fue probablemente el final más inesperado que podía haber tenido el caso Wagnergate.

CÓMO EL OLIGARCA AKHMETOV PREPARÓ UN GOLPE DE ESTADO

El 23 de septiembre de 2021 la Rada Suprema aprobó una ley, el denominado Estatuto de Oligarcas, cuya finalidad, según Zelenskii, era la de poner los puntos sobre las íes en las complejas relaciones entre el Estado y los oligarcas ucranianos. Aunque podría decirse que más bien el objetivo fue el de poner los puntos sobre las íes en las relaciones de los oligarcas con el propio Zelenskii. Según el texto legislativo, se preveía la creación de un registro estatal de oligarcas para mayo de 2022. En él se recogerían los datos de todos los propietarios de algún tipo de empresa que pudiera ser considerada un monopolio dentro del mercado ucraniano, dueños de los medios de comunicación y, en definitiva, todos aquellos con poder suficiente para influir directa o indirectamente en la política ucraniana.

Como era de esperar, la iniciativa de Zelenskii se encontró con la firme oposición de los oligarcas. Al iniciar su cruzada, Zelenskii pasó por alto el hecho de que los Ígor Kolomoiskii, Rinat Akhmetov o Víktor Pinchuk habían levantado sus imperios durante la tempestuosa década de los noventa y de que todos habían sobrevivido a cinco presidentes de Ucrania. No eran precisamente la clase de persona que se rinde fácilmente. Si no hubiera sido por la guerra con Rusia —un acontecimiento que vino a modificar las prioridades de todos los ucranianos— lo más probable es que, para mayo de 2022 (la fecha propuesta para la implantación del registro), todos los activos

223

de estos oligarcas, incluidos sus medios de comunicación, se hubieran trasladado a paraísos fiscales y jurisdicciones no colaboradoras, sin que las autoridades ni la justicia ucranianas hubiesen podido seguirles el rastro. Sería poco razonable creer que aquella gente, que había invertido centenares de millones de dólares en los medios de comunicación de un país, se rindiera de un día para otro ante Zelenskii.

En noviembre de 2021, un par de meses después de la aprobación del Estatuto de Oligarcas, Zelenskii afirmó en una entrevista que el empresario Rinat Akhmetov estaba preparando, con la ayuda de agentes de Kremlin, un golpe de Estado para los primeros días del mes de diciembre. Zelenskii aseveró que obraban en su poder testimonios de agentes y grabaciones de las que se podía deducir fácilmente la involucración del oligarca en un proceso de derrocamiento de las autoridades ucranianas. Después de estas declaraciones, las acciones de DTEK Energy, la compañía eléctrica propiedad de Akhmetov, cayeron un 11,6 por ciento. A su vez, un par de días antes de que Zelenskii realizara estas declaraciones, los diputados de Servidor del Pueblo se negaron a participar en las tertulias políticas de los canales de televisión Ucrania y Ucrania 24, ambos propiedad de Rinat Akhmetov.

Era realmente sorprendente que Zelenskii pudiera acusar en público a alguien como Rinat Akhmetov de ser responsable de un intento de golpe de Estado. Akhmetov era un empresario curtido en todo tipo de batallas. Había iniciado su carrera en el Dombás en los noventa y era conocido por sus dotes negociadoras, que le habían permitido encontrar un idioma para entenderse durante los últimos treinta años con todos los presidentes de Ucrania. Qué pasó exactamente entre el presidente y el oligarca sigue siendo un misterio. Zelenskii nunca se preocupó de explicar por qué Akhmetov, cuyas empresas siempre habían llenado las arcas del Estado, se había convertido repentinamente en el enemigo público número uno, y tampoco ofreció nunca pruebas contundentes de la participación del oligarca en ese supuesto golpe de Estado.

Un día antes del comienzo de la invasión rusa de Ucrania, Zelenskii reunió a cincuenta de los empresarios más influyentes del país —entre los que estaban los principales oligarcas— y les pidió ayuda económica para luchar contra Rusia. Akhmetov anunció públicamente que sus empresas abonarían mil millones de grivnas por adelantado, a cuenta de sus impuestos.[119] La guerra con Rusia ha trasladado a un segundo plano la lucha de Zelenskii contra los oligarcas y su «problemilla» con Akhmetov. Hoy en día en Ucrania solo existe un enemigo común —la Federación Rusa—, y de la victoria sobre ese enemigo depende la futura existencia del Estado ucraniano.

---

[119] Unos treinta y dos millones de euros.

LA MASACRE DE BUCHA

20 de mayo de 2019: el día de su investidura, Zelenskii prometió a los ucranianos que iba ser el mejor presidente de Ucrania. «A lo largo de mi vida, he hecho todo lo posible por que los ucranianos sonrían. Esa ha sido mi misión. A partir de ahora haré todo lo posible para que los ucranianos, por lo menos, no lloren», dijo. Estoy seguro de que en aquel momento Zelenskii no se imaginaba cuántas lágrimas iban a derramarse en los siguientes tres años.

24 de febrero de 2022: el ejército ruso trae muerte, tortura, violencia, pillaje y destrucción a los hogares ucranianos. Ese fue el día que la vida de todos los ucranianos, incluido Zelenskii, cambió para siempre. Desde entonces, los ucranianos mueren bajo los misiles que desde el mar Negro caen sobre las ciudades de Kyiv, Odesa, Lutsk, Poltava o Sumy. Los cazas rusos bombardean los barrios residenciales de Chernigiv, Kharkiv, Ojtyrka, Bucha, Irpín y muchos otras ciudades y pueblos, dejando a su paso nada más que fuego y cenizas. Desde la Segunda Guerra Mundial, Ucrania no había conocido semejante devastación.

31 de marzo de 2022: el mundo entero se estremece ante los crímenes y la violencia extrema empleada por los soldados rusos en su retirada de dos pequeñas poblaciones cerca de Kyiv, Irpín y Bucha, a tan solo veinte kilómetros de la capital. Dispararon por diversión a los vehículos de los civiles desde los tanques; ejecutaron a sangre fría con disparos a quemarropa

a adultos y niños maniatados; mujeres violadas fueron aplastadas bajo las orugas de los tanques; críos y adolescentes fueron violados ante los ojos de sus padres. Solamente en las fosas comunes de la pequeña localidad de Bucha se han encontrado más de trescientos cadáveres.

La tragedia de Bucha, ese episodio de inusitada violencia, despertó la indignación de la comunidad internacional. Se trata de una violencia sin explicación ni justificación posibles, a no ser que el régimen de Moscú esté poniendo en marcha un plan de exterminio del pueblo ucraniano. A lo largo de la historia, Rusia se ha empleado a fondo en minar la moral del pueblo ucraniano: hambrunas provocadas que acabaron con poblaciones enteras, o la encarcelación y exterminio de intelectuales y de todos aquellos que soñaron con vivir en un país independiente, la expresión de un deseo nacido del «nacionalismo burgués», según la opinión del Moscú soviético de entonces.

Zelenskii ha acusado públicamente al régimen del Kremlin de genocidio del pueblo ucraniano, pero Moscú sigue llamando nazi al sexto presidente de Ucrania, nacido y crecido en el seno de una familia de origen judío. Estas y muchas otras declaraciones de la máquina propagandista rusa dan mucho que pensar sobre la salud mental del señor del Kremlin y sus aliados, que paradójicamente no tuvieron problemas en ordenar el bombardeo del barranco de Babi Yar, en Kyiv, un lugar de honda resonancia para la comunidad judía, elegido por los nazis alemanes para perpetrar ejecuciones masivas durante la Segunda Guerra Mundial.

5 de abril: después de que la información sobre la masacre de Bucha se hiciera pública, Zelenskii pronunció por videoconferencia, ante el Consejo de Seguridad de la ONU, uno de los discursos más emocionantes de su carrera. El presidente se refirió así a las acciones de los soldados rusos:

Disparaban a las mujeres que respondían desde detrás de las puertas cuando les preguntaban si había alguien vivo. Asesinaban a familias enteras, adultos y niños indiscriminadamente, y después quemaban sus cuerpos para deshacerse de ellos. Remataban con disparos en la nuca o en un ojo a civiles previamente torturados. Mataban a plena luz del día y tiraban a los heridos dentro de los pozos para que sufrieran muertes lentas y dolorosas. Lanzaban granadas al interior de los pisos y las casas. Los vehículos de aquellos civiles que trataban de huir del horror eran aplastados por los tanques. Parece que eso les divertía. Cortaban extremidades y rajaban gargantas. Violaban y mataban ante los ojos de los niños aterrorizados.

Las verdades narradas por Zelenskii cayeron como un jarro de agua fría no solo en el salón del Consejo de Seguridad de la ONU sino en el mundo entero, que antes del discurso parecía que seguía la guerra en Ucrania como si fuese una serie de Netflix. Creo que esas palabras de Zelenskii han cambiado la opinión de muchas personas sobre Rusia. Ha puesto de manifiesto la obsolescencia y la incapacidad de la ONU como institución: el presidente de Ucrania llegó a proponer al Consejo de Seguridad que despojara a Rusia de su derecho de veto o bien que ella misma se disolviera. En realidad no dijo nada que no se supiera ya, y tampoco los grandes discursos, pronunciados en las más altas esferas, han servido para detener a Putin. El 8 de abril de 2022, el ejército ruso bombardeó la estación de tren de Kramatorsk con misiles tipo Tochka-U.[120] En la estación se encontraba reunida una multitud que trataba de escapar de la guerra. El triste balance de aquel ataque fue de cincuenta y nueve muertos y más de cien heridos.

Mariúpol, una preciosa ciudad en la costa del mar de Azov, era el hogar de casi medio millón de personas antes de la guerra. En cuarenta y cinco días de ofensiva, Putin ha convertido esta ciudad en una réplica de Stalingrado. Aunque no es esta la primera vez que el ejército ruso trata de ocupar la ciudad. Ya lo intentaron en 2014, pero Mariúpol fue reconquistada por el ejército ucraniano con el apoyo de toda la población civil, que expresó un rotundo «no» a la Primavera Rusa. Pero en esta

---

[120] El OTR-21 Tochka es un sistema móvil de lanzamiento de misiles diseñado para desplegarse junto con otras unidades de combate terrestres en el campo de batalla.

ocasión los rusos se han tomado una cumplida venganza: han asolado Mariúpol y devastado sus infraestructuras, incluidos los hospitales, la maternidad, los centros comerciales, las escuelas infantiles y los colegios. La aviación enemiga bombardeó sin piedad el teatro Drama, en el centro de la ciudad, donde una multitud se había refugiado de los ataques. Se calcula que más de trescientas personas quedaron sepultadas bajo los escombros. A los asesinos que pilotaban los aviones no los detuvo la enorme pintada que en el suelo frente al teatro decía únicamente: «Niños». Más de cien mil vecinos, que por diversas razones no han podido abandonar la ciudad, se han visto abocados a una situación de bloqueo total, sin comida, electricidad, agua ni medicamentos. La población ha tenido que enterrar a sus familiares y vecinos fallecidos en los patios de sus casas o en los parques infantiles, mientras el ejército ruso destruía las evidencias de sus crímenes quemando los cuerpos en crematorios móviles. Y mientras tanto, solo los miembros de la brigada Azov lograban seguir conteniendo heroicamente la presión de una fuerza de asedio de diez mil soldados rusos.

Tenemos que reconocer que, con el inicio de la guerra, Zelenskii se ha convertido en un jugador de peso en el tablero de la política internacional, un dirigente cuyas palabras pueden influir en el futuro inmediato de la ONU y de otros Estados. Durante los primeros cuarenta y cinco días de la campaña militar, Zelenskii ha comparecido ante la mayoría de los Parlamentos de los países europeos, ante el Congreso de los Estados Unidos, ante el Parlamento de Israel y ante el Parlamento y el Gobierno de Canadá, entre otros. Vestido con una sencilla camiseta caqui de las Fuerzas Armadas de Ucrania, es recibido con aplausos y ovaciones de auditorios en pie, lo que supone una manifestación de respeto hacia su persona y hacia todos los ucranianos. También tuvo la oportunidad de hacer una petición de ayuda a la comunidad internacional en la LXIV ceremonia de entrega de los premios Grammy.

9 de abril de 2022: Boris Jonson visita Kyiv. Durante su visita, el primer ministro británico no duda en referirse a Zelenskii como a «mi amigo» en numerosas ocasiones. Después de las

conversaciones protocolarias, Volodymyr y Boris dan un paseo por el centro de la capital (acompañados de un fuerte dispositivo de seguridad, claro está). A Putin, escondido en un búnker en los montes Urales, esta demostración de fuerza y de coraje debió de sentarle como una patada en el estómago.

Zelenskii se enfrenta a una misión muy complicada, la de conducir al pueblo ucraniano a la victoria a través de los horrores de la guerra y entre todo lo que una guerra conlleva: lágrimas de desesperación y fervor, odio hacia el enemigo que ocupa tu tierra, fe en la victoria y tristeza por los que se han quedado atrás en el campo de batalla. Probablemente no es la tarea con la que soñaba el día de su investidura, pero estas adversidades y estos retos han terminado revelando el verdadero rostro de Zelenskii.

EPÍLOGO

EL PRESIDENTE DE LA GUERRA

Zelenskii quería entrar en la historia de Ucrania como «el presidente de la paz»: había prometido acabar con la guerra en el Dombás y poner los puntos sobre las íes en la complicada relación de Ucrania con la Federación Rusa. Decía que para conseguirlo estaba dispuesto a negociar con el mismísimo diablo si fuera necesario, pero el diablo del Kremlin solo estaba dispuesto a negociar una cosa: la rendición de Ucrania. Aunque Zelenskii es consciente de que, a pesar de la mayoría absoluta, el pueblo ucraniano no le ha votado para que llegue hasta ese extremo en la negociación, las acciones de Putin no le han dejado elección, y en lugar de ser el presidente de la paz ha tenido que asumir el rol de presidente de la guerra.

Antes de la guerra, el pasado teatral de Zelenskii era perceptible en casi todas sus apariencias públicas como político: las pausas, la expresión facial, el tono de voz, su gesticulación y su lenguaje corporal trasladaban al ciudadano una afectación exagerada en todo lo que hacía o decía. La puesta en la escena casi cinematográfica de su investidura como presidente y de todas sus apariciones, el estilo de los telediarios de los canales afines, perfectamente ajustado a las reglas del mundo de espectáculo…, todo lo que le rodeaba parecía artificial y poco convincente. Pero a partir del 24 de febrero de 2022 la teatralidad se desvaneció y al escenario se subió una persona completamente diferente, una persona con cara de cansancio, sin afeitar, un hombre vestido con sencillas prendas color caqui, sin corbata, sin maquillaje y sin focos. Zelenskii es ahora un presidente que narra con la voz rota el drama de sus compatriotas, atrapados en la vorágine enloquecida de una guerra. De repente vemos a una persona con emociones reales, que siente dolor por el conflicto bélico en su país y que se muestra dispuesto a denunciarlo al mundo entero las veces que haga falta.

Zelenskii no está solo. Ahora lo respalda toda la nación ucraniana: unida, fuerte e invencible. En toda su historia, nunca la sociedad ucraniana ha estado tan unida como en los primeros días de la sangrienta invasión rusa. Millones de personas se están esforzando por ayudar tanto a los que luchan en la primera línea del frente como a los que lo han perdido todo a causa de esta invasión.

La sociedad ucraniana ha estado siempre dividida entre aquellos que estaban dispuestos a defender la independencia de la nación a capa y espada, y aquellos que idolatraban a Moscú. Esta división ha condicionado la vida cotidiana de la población, sus costumbres, el idioma en el que se comunica, los productos culturales que consume, incluso su religión. Por eso, los predecesores de Zelenskii buscaron incansablemente una fórmula que pudiera unir al país, pero ni Leonid Kravchuk ni Leonid Kuchma ni Víktor Yanukovych ni Petró Poroshenko dieron con ella. Contra todo pronóstico, Vladímir Putin ha sido quien ha encontrado la clave al emprender esta guerra absurda e injusta contra Ucrania. El odio que siente el pueblo ucraniano hacia la Federación Rusa y hacia su líder ha convertido a Ucrania entera en un ejército invencible. El Kremlin calculaba que necesitaría entre tres y cuatro días para conquistar el país. Estaba muy equivocado.

Nadie sabe exactamente cómo ni cuándo terminará la guerra entre Ucrania y Rusia, ni qué será de la Ucrania de posguerra, pero no hay ninguna duda de que los ucranianos tendremos un papel importante en Europa y en el mundo. Estamos sufriendo grandes pérdidas: ha muerto un gran número de compatriotas, tanto civiles como militares; nuestras ciudades están quedando devastadas, y las infraestructuras del país han sido arrasadas: Pero la fortaleza de espíritu que esta demostrando tener el pueblo ucraniano y su deseo de libertad e independencia sigue siendo indestructible. Desde su investidura, el sexto presidente de Ucrania ha progresado mucho. Ha pasado de ser un actor que interpreta el papel de presidente a convertirse en el auténtico líder de la nación ucraniana. Ha evolucionado desde aquel espécimen que la comunidad internacional observaba con curiosidad e ironía a este hombre de Estado que el mundo entero recibe con ovaciones.

Este libro se terminó de imprimir en el mes de julio de 2022
en QP Quality Print Gestión y Producción Gráfica, S. L.
Molins de Rei (Barcelona).